简单易懂的沟通表达课

终身成长研习社
著

贵州出版集团
贵州人民出版社

新流出品

目录

第一课 沟通的本质是理解与合作

第一节 为什么说每个人都要懂沟通? 2
第二节 "嘴笨"是天生的吗? 10
第三节 沟通要避免这几个"坑" 19

第二课 人际交往其实并不难

第一节 尊重和倾听是沟通的前提 28
第二节 怎样让人脉自然"生长"? 37
第三节 你能掌控一场聚会吗? 47

第三课 职场中每句话,都是价值和资源

第一节 如何让领导把你当心腹? 58
第二节 你和同事真的在竞争吗? 66
第三节 怎么让公司的外部伙伴成为你的资源? 75

第四课 沟通是家庭的润滑剂

第一节 家不是讲道理的地方 84
第二节 爱人是一生的"合伙人" 92
第三节 有了自己的家庭,和原生家庭该如何相处? 101

第五课　如何驾驭不同的表达形式？

第一节　语言是最直接的形式　112

第二节　如何让书面表达规范高效？　121

第三节　怎样发挥身体语言的魔力？　130

第六课　即兴表达，让你开口就掌握住听众的耳朵

第一节　开口，其实你只有10秒　140

第二节　如何让普通人轻松听懂枯燥的专业内容？　149

第三节　打好腹稿，灵活应对各种场合　157

第七课　说话的心法

第一节　你会讲段子吗？　168

第二节　什么样的声音让人信服？　175

第三节　声音质感让表达更有内涵　184

第八课　沟通表达的综合技巧

第一节　如何成为组织会议的"意见领袖"？　194

第二节　社交媒介经营术　203

第一课

沟通的本质是理解与合作

- 第一节 为什么说每个人都要懂沟通?
- 第二节 "嘴笨"是天生的吗?
- 第三节 沟通要避免这几个"坑"

第一节 为什么说每个人都要懂沟通？

我们生活在一个相互沟通联系的世界。学习工作时，人们通过互联网上网课、开会；休闲时，人们拿着手机刷社交媒体、看短视频。这些方方面面的沟通联系，构成了每个人的基本生活。沟通有多重要呢？心理学家阿尔弗雷德·阿德勒认为，沟通让人类相互联结，形成"共同体"。只有生活在共同体中，人类才会感到幸福。

英国一家名叫 Channel 的电视台，它的第五频道曾经播过这样一个实验节目：参加人被关在一个封闭空间 5 天，断绝和外界的一切沟通。观众则在这个过程中观察他们的反应。结果大部分人在几个小时内，就开始出现情绪低落，甚至崩溃的现象，一半的人在 24 小时内放弃了实验，最后仅有 1 个人，顺利完成了 5 天的封闭实验。可见沟通在人类生活中有多必要。

如果你曾经认真思考每一天的生活就会发现，我们把大量的时间花费在与人沟通上。对不善于沟通的人来说，也许两三句话就会得罪一个人，给对方留下极差的印象，断送很多机会。而良好的沟通，往往意味着更精确的自我表达、更良好的人际关系，以及更大的工作成就。

举一个生活中常见的例子：职场人小胡找到了一份更适合自己的工作，跟领导提出辞职。领导很爽快地答应了，但是提了一个要求："你在离开前一定要跟同事交接清楚，以前有人走的时候，把项目的核心资料带走了，导致项目遭受很大损失。"小胡答应了，但他心里很膈应。老板这句话，让他觉得自己作为曾经的骨干，现在却被当成一个小偷。他知道，老板不是故意这么说的，但是这种沟通方式就是很伤人。小胡本来有很多经验心得想留给同事，也都因为这一句话作罢，后续的交接也拖了很长时间。

过了几年，小胡再一次离职，领导找到他说："离职前请把主要的项目资料做好交接，我要按照进度，把最后一笔绩效算给你。"这一次小胡很高兴地答应了。尽管这个钱不多，可是他觉得领导是在为他考虑，所谓买卖不成仁义在，这次离职很快就办完了。如果你有一定的职场经验就会发现，其实小胡两次跳槽，两位领导的想法是一样的，但由于沟通方式不同，就给小胡带来了完全不同的感觉。这就是沟通的意义。好的沟通能春风化雨一般，拉近人与人的距离。它是一门艺术，也是一系列技巧。如果我们能够掌握更多沟通技能，在生活、工作和家庭等方面都将实现极大的价值。

一、沟通带来精确的自我表达

人是群居动物，会害怕孤独，渴望得到同类的理解和接纳。但由于不同的文化背景、不同的人生经历和思维方式，我们想表达的内容不一定会准确地传达给别人。有句话是这样说的：被误解是表达者的宿命。每个人都有自我保护意识，有时候一个充满善意的笑容，在别人看来可能充满了嘲讽意味。这时候就需要我们通过沟通，用清晰的思维、简洁的语言、有力的动作表达自己，去打开对方的心扉。

而且沟通是一个动态过程，它包含了一系列思考和行为，还有许多变量，不同的人、环境、态度等等，没有起点也没有终点。也许你无心的一句话，就会触动某人尘封已久的记忆。这个过程需要我们主动践行、学习。如果一个人什么话都憋在心里，什么情绪都不发出来，那种孤独感、绝望感可能会把他逼疯。但如果一个人开口就词不达意，使人曲解误会，他的生存空间同样会越来越小。只有善于沟通、乐于表达，才能更好地被别人所理解，拉近人与人之间的距离。

二、沟通促进广泛的社会认同

"以人为镜，可以明得失。"沟通不仅仅是一种生存方式，它也是一面"镜子"，用来"映射"那些外界对我们的评价。没有哪个人可以完全脱离别人孤立存在。个体的自我认知很大一部分是在与其他个体的沟通中形成的。

就像一个小宝宝，从刚生出来，爸爸妈妈会抓着他的小手，跟他说"这是手手"，然后又抓着脚说"这是小脚丫"，最后指着自己的脸说"这是爸爸／妈妈"。通过这样一种沟通，人开始形成关于"自我"

的认知。

包括我们长大以后,坐在镜子前面,看着镜子里的自己,要怎么样判断自己呢?是优秀还是平庸?是美丽还是普通?是聪明的还是迟钝的?我们无从谈起。我们只能通过沟通,通过别人的评价来认知自己。如果一个人被剥夺了与人沟通的权利,他将很难得知自己是谁,自己是一个怎样的人。

同样的,如果一个人总是收到正面的评价,那么他对自我的认同也会是积极的、正向的。这也是许多家长和老师教育孩子的重要方法。沟通所带来的社会影响将会伴随我们一生。

三、沟通助力全面的职业发展

如果你环顾身边的人,就会发现,在职场取得成功的人,绝大多数都有着出类拔萃的沟通能力。著名的演讲大师戴尔·卡耐基认为:"一个人事业的成功,只有15%是由于他的专业技术,另外85%要靠人际关系和处世技巧。"我们可以想象一下,如果满分是100分,一个人的专业技能是80分,沟通能力只有 20 分，另一个人的专业技能是 50 分，沟通能力也是 50 分，哪个人成功的可能性更大？显然是那个沟通能力更强的。尽管他的专业技能不如别人，但他却可以 100% 地展现自己，让所有人都看到自己的才华。而那个专业能力有 80 分的人呢？他肚子里有货但表现不出来，别人只能看到一小部分。可以想象，面对一个又一个的机会，他如果不认真提高自己的沟通能力，就只能干着急了。

所以在当前的职场中，开口能说、提笔能写、上台能讲是我们获取信任、争取资源、展示自我的重要能力。尤其在当前这个强调团队、倡导共赢的职场环境中，沟通能力甚至能够决定一个人的事业是成功还是失败，这是每个人的核心竞争力之一。

四、沟通滋润温馨的家庭关系

沟通是人与人产生羁绊、联系感情的基础，也是我们家庭、婚姻中的润滑剂。尤其在一些场景下，我们会发现，家庭中不像在社会上，可以单纯地讲逻辑、讲道理，这时候就需要爱人之间、亲子之间有一些特别的、多样化的沟通模式。

曾经有一对夫妻，结婚5年，他们几乎没有怎么吵过架。在一次聚会中，有人请教他们，为什么夫妻间的关系如此融洽。他们介绍了彼此的一个"约定"：如果发生摩擦，老公要先向老婆道歉，而老婆也要原谅老公，然后两个人平静地把问题讲清楚。许多争吵在这个过程中就被消解了。当时有朋友很疑惑：每次都让老公道歉，老婆只需要接受道歉，这似乎有些不合理吧？但是这对夫妻却表示：他们已经习惯了，一直以来就是这么相处的。

其实我们要看到，这就是爱人之间一种特殊的沟通模式——老公负责道歉，老婆负责原谅，这种模式让他们即使在争吵的时候，也能很快地平息下来，了解对方的真实想法。很多误解和矛盾自然就在这个过程中消除了。两个人沟通是为了什么？就是为了读懂对方，也让对方理解自己。既然他们用自己的沟通方式达到了这个目标，那么谁道歉谁原谅并没有那么重要。这也是个体家庭生活中沟通方式的一个"特别功能"，后面的课程我们再细聊。

说到这里，这一节的内容就差不多了。我们总结一下，这一节从自我表达、社会认同、职业发展和家庭关系四个角度，阐述了沟通的意义。沟通能够拉近人与人的距离，让我们更好地融入社会，助力职业发展，促进家庭和谐。不论是对个人、家庭，还是对组织，沟通既是一个很有必要的活动，也是一个相互了解、相互学习的过程。每个人看问题的角度不同，我们面对不同的人，也要善用不同的沟通方式。通过沟通，我们结识更多的人，看到更大的世界；也是通过沟通，我们能够认知自我，不断成长。沟通是我们生活中不可或缺的一项技能。

第二节 "嘴笨"是天生的吗?

沟通是如此重要,以至于我们大部分人,即使每天都在和人沟通,也还会有一种自己"嘴笨"、不会说话的感觉。那么,沟通能力真的是天生的吗?通过后天的学习会有所精进吗?

要回答这个问题,首先得弄清楚,到底什么是沟通能力。

一、什么是沟通能力?

沟通大师卡耐基认为,沟通能力就是与人相处的能力。管理学大师德鲁克说,沟通能力就是管理能力。演讲家陈安之则表示,沟通力就是说服力。他们有的强调人际关系,有的看重现实意义,有的重视沟通的目标,从不同角度提出了自己的理解。

但从这些不同的定义中,我们可以提炼出两点共性:**一是沟通效果**。良好的沟通可以增进人与人之间的关系。有的人口若悬河，滔滔不绝，说出来的话却令人生厌；有的人看起来木讷，却总能在关键时刻把话说到点子上。评判一个人是否进行的是有效沟通，要看他能否精准地表达出自己想说的内容，并让对方成功理解和接受相关信息。

二是沟通情境。在不同的场景下，我们面对不同的人，需要用完全不同，甚至相反的沟通方式。例如我的一个朋友在工作上受挫，我安慰他："不要灰心，回去好好睡一觉，调整心情，然后总结经验，重整旗鼓再来一次，我相信你可以。"朋友会觉得我很贴心，对我的关心表示感谢。但如果是我的领导或者老板，他的工作不顺利，我去安慰他："不要灰心，加油，我相信你可以。"对方或许会很礼貌地回答："谢谢你的关心，但我现在更想要的是一个解决方案。"为什么会这样？因为朋友和老板对我们的期待完全不同，朋友希望我们调解他的负面情绪，陪他一起难过；老板更希望员工能创造经济价值，而不需要多余的情绪价值。

那么真正的沟通高手，应该拥有哪些能力呢？

二、沟通高手 vs 普通人，差距在哪？

广泛的同理心。同理心又叫换位思考、共情。有同理心的人在交往过程中，能够体会他人的情绪和想法，理解他人的立场和感受，并站在他人的角度思考和处理问题。同理心是每个人或多或少都会具备的能力。四五岁的孩子，看到妈妈眉头紧锁，就会很关切地问："妈妈，你为什么不开心呢？"人天生就会站在别人的角度感受世界，这样的沟通方式无疑让人很舒服。但心理学家发现，绝大部分人，只对和自己熟悉亲近的人有同理心，人们更关注身边人的内在感受。

而沟通高手往往不存在这种人际障碍。即使是素未谋面的陌生人，他们也能将同理心发挥到极致。世界著名的成功学大师，拿破仑·希尔曾经有过这样一段经历。他想招聘一名秘书，于是在报纸上刊登招聘广告，并留下自己的邮箱。前来应聘的人，基本都是在介绍自己的名字、专业、学历、工作经验等等。拿破仑·希尔感到无比烦琐，根本无法做决定。

就在这个时候，一位女士的求职信吸引了他，那封求职信上写着一个电话号码，让希尔惊喜不已，当场定下了这位女士。为什么呢？因为在电话号码旁边写了一句话：敬启者，您所刊登的广告一定会引来成百上千封求职信，您的工作一定特别繁忙，根本没有足够的时间来认真阅读。因此，您只需拨打这个电话，我很乐意过来帮助您整理信件，节省您宝贵的时间。可以看到，真正厉害的沟通者，在还没有见面之前，就在思考对方的需求，他的沟通自然能直击要害。

多样的行为反应。沟通高手大脑会有一个"武器库"，去面对不同的人和情境。举例来说，我们有个朋友，他开了一个带有性别歧视或者性暗示的玩笑，让你觉得心里不舒服，这时候你会怎么做呢？我们在这儿提供几个选项。

选项 A：保持沉默，避免引发更多冲突。

选项 B：找另外一个朋友，让他提醒对方。

选项 C：同样开一个玩笑，暗示对方不要再开类似的玩笑了。

选项 D：直接指出对方的问题，让他停止玩笑。

怎么样，选好了吗？那我们公布答案：这上面任何一个选项都可以。因为最合适的选项，需要我们根据对方的情况做出选择。如果这个朋友生性轻浮，又爱面子，性格易冲动，那我们不妨先忍一忍，等到时机合适，私底下再提醒他。如果这个朋友有一些风度,那我们就可以把玩笑开回去,让他在尴尬中意识到自己失礼。

但不论你选择哪一个选项,关键的一点在于你能想到它。这就是沟通高手的特点,他们有足够的武器去应对不同的交际场合;但普通人只有一两种武器。很多时候,人们只能长久地保持沉默,或者总以生硬的方式去反击别人,这样时间久了,沟通上的短板自然暴露出来,就会被打上"不善沟通"的标签。

充分的表达技巧。表达是沟通的最后一步,不管我们想到多么合适的沟通方式,多么精妙的说辞,到最后都需要表达出来。许多人学习沟通,看了很多书,买了很多课,却都困在了"想得到但做不到"的窘境中。举个例子,在历史上,汉朝的开创者刘邦是个很全面的表达者。在楚汉之争中,有一次楚围汉不下,项羽就把刘邦的父亲绑了喊话:"再不出城投降,就把你的父亲扔到锅里煮了!"谁知刘邦嘿嘿一笑说道:"不要忘了分我一杯羹!"项羽一看,刘邦这厮竟如此无赖,自己拿他没办法,只好就此作罢。

其实在普通人看来,刘邦带着那么大的部队,怎么能轻易投降?肯定要大骂项羽,怒斥他卑鄙的做法。但刘邦不一样,他不去批判项羽,偏偏反其道而行之，把自己伪装成一个无赖，让项羽无话可说。如果换作普通人，这怎么能拉得下脸说这样大逆不道的话？但刘邦就有这个"厚脸皮"，收放自如，用这种特别的方式应对项羽的威胁，达到了目的。

说到这里，你也许会疑惑：这么多沟通的高手，说起话来天马行空一般，我能练成这样吗？

当然可以。只要经过系统的学习和恰当的训练，每个人都可以在短时间内将沟通能力从 60 分提高到 80 分，从一个"及格线"上下的沟通者，成为一个"靠谱"的沟通者。如果你想达到"优秀"，那就需要更多的学习、历练和自我的省察思考。那下面我们具体说说，如何提高沟通能力。

三、如何提高沟通能力？

首先我们做一个简单的测试，按照以下几个步骤，看看你的沟通能力大概在哪个层次。

第一步：选择一个和你关系密切的人。可以是你的亲人，也可以是好朋友、合作伙伴等等。

第二步：回忆你们平时沟通的情境，试着寻找尽可能多的场景,例如:给对方建议、交流感情、爆发冲突等等。

第三步:回答下列五个问题,只需要用"是"或"否"即可。

1. 在不同的沟通情境中,我能明确感知对方的情绪。

2. 我能理解对方沟通的目的,尽管他有时不会明说。

3. 我总是根据不同的情境,采取不同的沟通方式。

4. 我有很多沟通技巧,同样的一句话有很多不同的方式表达。

5. 我的沟通方式总能让身边的人满意。

如果这套题目,你回答的"是"在三个以下,说明你的沟通能力有很大的提升空间。

如果你有三个或三个以上的"是",说明你的沟通能力已经及格,通过学习,可以实现从"及格"到"靠谱"的转变。

那么,要怎样做才能真正提高沟通能力呢?我们说说学习的几个重点。

1. **正确的思维理念**。这是我们沟通的基础,也是我们在沟通过程中,融入自我意识的行为准则。

（1）目标思维。沟通不是漫无目的的闲聊，而是有意识和对方相互理解，从而达成一致的过程。例如要让老板加薪，就得给自己找好理由，考虑老板拒绝的借口；要去了解一个人，就应该多关心他的情绪和生活。不同的沟通目标，决定了沟通的基本思路。

（2）即时思维。就和我们看新闻一样，新闻过了一天，时效性就大打折扣。同样，沟通也是立足当前，面向未来的。有的人一开口，就容易长篇大论地回忆过去、翻旧账，这是一种低效的沟通方式。我们最好能保证，沟通的事项在一定时间内准时完成。

（3）诚信思维。讲真话，对讲过的话要信守承诺。当然讲真话不代表毫无保留，而是要有所斟酌、选择，把真实的、能做到的话说出来，不要传虚无缥缈的风言风语，也不要答应没有把握的事。

（4）利他思维。对别人有益的观点，对方才会同意。在很多时候，我们要想着先付出、先利他，和对方产生共同价值，才能形成互利共赢的关系。如果一个人开口就要索取什么，总想着占一点儿小便宜，那将很难打开人际沟通的格局。

2. 全面的沟通方法。沟通涉及不同场景、不同人群、不同步骤，我们需要充分掌握这些沟通方法和技巧。例如和领导、长辈在一起的时候，我们需要回以肯定的态度，以补充和建议为主要形式。但如果和自己的孩子沟通，我们可以用平等的态度，以教导甚至批评为主，其中所需要的思维、表达技巧、尺度得由我们自己把握。这就需要我们一步步认真学习了解。至于哪些方法能够强化沟通能力，我们后面会细说。

3. 长时间的刻意练习。沟通能力不是天生的，但也无法一蹴而就。其实它所涉及的同理心、行为反应和表达能力，每个人都是具备的，关键在于在与人相处的过程中我们能有意识地去练习提高。所谓运用之妙，存乎一心。人与人的关系是动态的，那么人与人之间的沟通也会不断变化。当我们有意识地去练习，自然会在沟通的过程中慢慢感知别人的情绪，了解对方的需求，最终达成一致目标。

总的来说，沟通能力不是天生的，但它涉及的同理心、行为反应和表达能力却是大部分人都具备的。如果我们能树立正确的思维理念，掌握全面的方法，坚持刻意练习，就能练成沟通的高手。

第三节 沟通要避免这几个"坑"

沟通是一个相互理解、达成共识的过程。然而对有的人来说，沟通有时也是一种折磨。因为很多人的确不擅长。就像前面说的，人天生就有感知同类的能力，但不一定能准确地表达自己，理解他人。在这种情况下，很多人容易陷入"多说多错"的恶性循环，想要沟通，却离对方越来越远。那么，我们日常的沟通到底有哪些常见的"坑"呢？应该怎样避免？这一节我们说说这个问题。

一、沟通需要相互理解，而不是"命令"或"说服"

在很多时候，人们自以为在有效沟通，但其实并非如此。为什么呢？因为沟通是双向的，但有的人却是自说自话，想要对方按照自己的想法去做。

举个例子。小A刚从学校毕业没多久。有一天，老板把他叫了过去，跟他说："小A，我手里有几份资料，你拿去和小B两个人总结一下，写一份书面的报告给我。"于是小A拿着资料，找到同事小B说："老板让我们整理资料，这两份资料给你，回头整理好了，写个书面报告给我，我一起交给老板。"结果小B听了以后，看了小A几秒，说："我手头有其他急事，根本没时间，要不你自己处理吧。"最后小A不得不熬夜独自完成了这份工作。

类似的场景在生活中经常出现，领导交代的工作，我们想要求助，结果同事都腾不出手。从小A的角度看，这种情况很正常，每个人都有自己的事，不能无条件地帮助别人。但是从沟通的角度来看，小A这样的一次沟通就是无效或者失败的。那么有没有方法提高小A的成功率呢？答案是肯定的。有人觉得，既然是老板安排的工作，可以让老板亲自去说；或者小A在沟通的时候，反复强调，这是老板亲自交代的工作，非常重要，那么小B迫于压力，还是会答应小A的。

但是这又可能引起另外一个问题，谁都不想无缘无故增加工作量，小B也是如此。即使他迫于老板的压力，答应这份工作，同样可能引起不必要的内耗，或是敷衍了事，最后小A依然得不到好的结果，甚至弄巧成拙，被老板批评。这样的沟通，同样起不到好的效果。

这里面，其实就涉及一个沟通的基本目标。沟通的目标是什么？是让一个人按另一个人的要求去行动吗？这不是沟通，这是命令。是让一个人对另一个人言听计从吗？这也不是沟通，而是说服。我们讲过，沟通是相互的，是双向的，如果一个人只是站在自己的角度，总是顾着自己的目标，或许永远无法和别人相互理解，更不要谈达成一致了。这也是许多人对沟通感到痛苦的原因。

如果小A能想到，自己需要站在小B的角度跟他商量这件事，两个人的沟通情况就会完全不一样。例如，小A可以这样说："老板给我交代这份急活儿，专门让我找你一起完成。我们可以看一下如何分工完成。如果你手头有什么着急的，先放一放，回头我可以帮着你一起做。"可以看到，这种表达既提到了老板的要求，又兼顾了同事的实际情况，也更容易取得好的沟通效果。所以很多时候，我们在沟通时，仅仅说出一个表面意思是远远不够的。我们得保证自己说出的话，对方能够心悦诚服，跟我们站在一起，达到一个合作的状态，这才是真正有效的沟通方式。

那么要怎样实现真正有效的沟通呢？我们先要避开几种有问题的沟通方式，免得在别人面前喋喋不休半天，对方却不接受你的意见，这是很令人崩溃的！

二、四种让人抓狂的沟通方式

• 反问、质疑式沟通

如果你想成功让一个人生气，有一个最简单快捷的沟通方式，就是反问和质疑。例如在和某个人沟通的时候，对方每说一句话，我们都回答一句"哦，是吗？"或者"哦？真的吗？"这种"杠精"般的语气，很容易摧毁沟通双方的信任感，让彼此产生敌意。

而且我们会发现，反问和质疑在生活中是那样普遍，以至于很多人都喜欢把"正话"反过来说。例如"我们昨天有一件工作"，很简单的一句话，许多人会说成"我们昨天不是有一件工作吗？"的确，用反问句有强调的作用，让接收信息的人听起来更有力量感，更重视；但是这种句式和沟通方式，会不可避免地加强说话者的攻击性。

使用这样一种沟通方式，如果是在日常，和自己熟悉的人对话还好，但如果是在相对正式或敏感的场合，就很容易激发对方的对抗心理。就像夫妻之间吵架，妻子抱怨丈夫："你看看你，一天到晚就在外面和狐朋狗友瞎混，家里全是我在料理。你洗过一次碗吗？拖过一次地吗？陪孩子写过一次作业吗？"丈夫回击妻子："那你呢？你比我好到哪里去了？我为这个家，天天加班到深夜，回来饭都没吃，你给我做过一次饭吗？我陪客户累成什么样了，你有体谅过我的难处吗？"你看，沟通中很多"话赶话"的情况，都是以质疑和反问的形式出现的。所以我们在沟通中，应该慎用这种方式。

• 命令、权威式沟通

命令、权威式沟通，最常见于上下级和亲子之间。但如果我们认真留意，会发现生活中也有很多命令式的口吻。比如下面这段对话。在一家川菜馆，顾客问服务员："你们这有什么招牌菜，请你推荐一下。"服务员说："辣子鸡，要不就是水煮鱼。"顾客接着问："就这两个，没有别的了吗？"服务员继续回答："就这俩吧，一般要吃特色，都吃我们家这两道菜，做得特别好！"顾客看服务员这么肯定，只得点了这两道菜。

可以看到，这是一个在餐厅里服务员提供服务的场景。按道理说，服务员作为提供服务的一方，应该处在相对弱势的位置，但他却表现得很强势，让顾客有一点儿不舒服。明明一个餐厅有很多菜，顾客也想了解别的菜式，为什么强推这两道特色菜呢？这就是典型的命令式沟通。它不一定要你的语气多么高高在上，其问题在于，沟通者完全不听对方的意见，直接就帮对方做了决定，没有其他选择，不容置喙。在这种条件下，对方就会产生一种很生硬、被逼迫、无可奈何的感觉。

但事实上，命令、权威在很多时候其实达不到人们想要的效果。

其中最典型的，莫过于家长和孩子的沟通。很多家长抱怨，自己耳提面命地告诉孩子，孩子也点了头，可是就不按家长说的做。因为孩子的心里其实是有感知的，孩子碍于家长的权威点头了，但内心不会真正接受命令式的沟通，自然也不会去做。

有的孩子在小时候，对父母言听计从，可年纪稍微大一点儿，很快就开始逆反，不听父母的。很多父母头疼：这孩子怎么不声不响就到叛逆期了呢？事实上不是孩子叛逆，而是孩子长大了，有意识和能力反对父母命令式的沟通。

所以我们要注意，在生活中的多数时候，避免使用命令、权威式沟通，即使真的有权威关系，也要结合其他的沟通方式，而不能"一以贯之"。

· 自说自话式沟通

自说自话的情况在日常闲聊中很常见。比如下面这段对话。小张问朋友："我最近想去游泳，你知道什么地方游泳条件比较好吗？"朋友回答："不知道呢，但是我知道一个健身的好地方，我还办了卡，最近体重降下来不少，要不你跟我一起来吧……"小张看朋友越说越远，马上婉拒了朋友的建议。

一个人如果说得太多，听得太少，往往只能停留在很浅层的沟通，在无形中断绝与其他人的深入交流，因为别人不愿意听他自顾自地说个没完，也没有义务去听，这给社交增加了不少压力。

所以我们要记住，沟通不仅仅是自我的表达，也需要我们感知对方的情绪，理解对方产生想法的过程。有充分的交流，沟通才能进行下去。

• 尴尬式沟通

尴尬式沟通是指说一些不合时宜的话，讲一些自以为幽默的段子，实际上让人不知所措，不知怎么往下接。比如我们哪天感冒了，戴着口罩去上班，大家看见了，都过来关心一下，结果某个同事来了一句："你这带病上班，都把我感动哭了，不会是装给领导看的吧……"这样一句话很可能直接"杀死"聊天，让所有人都陷入沉默。

碰见这样的沟通方式，我们会有一种很费劲、很无力的感觉。因为根本就不知道怎样去接话，怎样去把氛围和情绪带回正轨。这也从侧面告诉我们，和人沟通，不能想到哪儿说到哪儿，信马由缰肯定是不行的。一个人至少要保证自己的理解和表达，跟大部分人在同一个层次，避免曲高和寡，也不要过于粗俗。

以上就是这一课的主要内容。真正的有效沟通，建立在沟通双方相互理解的基础上。有的人在沟通时，容易选择不恰当的沟通方式，这会导致对方不理解、不认可沟通的内容。我们在日常生活中，也要避免使用反问的、命令的、自说自话的或者令人尴尬的沟通方式。

──────────────────────── 第二课

人际交往其实并不难

- 第一节 尊重和倾听是沟通的前提
- 第二节 怎样让人脉自然"生长"?
- 第三节 你能掌控一场聚会吗?

第一节　尊重和倾听是沟通的前提

在上一课中，我们阐述了许多关于沟通的基本知识，这一课，我们开始讲授一些日常的人际沟通技巧。这一节，我们要讲的是沟通的前提：尊重与倾听。

一、尊重的意义：让对方意识到自己很重要

现代人不论在哪个人生阶段，每天都在和别人不停地沟通。但是很多人发现，人与人之间的距离不是在沟通中越来越近，反而是越来越远。不要说达成共识、实现合作，很多时候，有的人连基本的礼貌和心平气和都做不到。我们时不时会看到一些短视频，两个人丝毫不顾及对方感受，恶语相向，缺乏基本的尊重。有的人经常把尊重挂在嘴边，笑脸迎人，可是在不同的场合，对着不同的人，他的态度又完全不一

样。如果一个人总带着这种沟通态度，最后多半会以失败告终。

那么，真正的尊重是什么样子的呢？一句话说透，就是要让对方意识到他很重要。因为人都是将心比心的，当对方意识到，你很在乎他的感受，你想为他提供帮助，他会不自觉地对你生出几分好感。

我们也可以想一想：自己平时和别人沟通的时候，是觉得对方很重要，还是觉得对方可有可无呢？不仅限于我们身边的亲人、领导、同事、朋友，也包括那些为我们送外卖的人、打扫卫生的人，甚至偶然相遇的人。

我们可以比较这两种不同的沟通状态。我们会发现，当自己抱着尊重与别人沟通的时候，自己的精神状态都会更积极，思维更活跃，说话也会更加有力，因为我们认为对方很重要、很有价值。

而且在尊重的背后，还隐藏着"潜台词"——**平等与肯定**。每个人都是独立个体，有不同的身份和地位，但每个人都希望自己在人格上与其他人平等，自己的思想和行动能够给别人带去价值，收获别人的认可。我们本着尊重的态度，让对方意识到自己的重要性，这才会让沟通更加顺畅，让身边的人更加喜欢和支持。那么，我们要如何体现对他人的尊重呢？这里我们给出两个建议。

二、如何体现尊重

• 学会自我理解和尊重

尊重别人，首先要尊重自己，关心自己和别人沟通时的状态。比如，我们的精神是不是饱满，形象是不是干净清爽。有的人特别放浪形骸，前一天熬了夜，红肿的眼睛，头也不洗，胡子拉碴地出门见人。别人看了，当面也许不会抱怨，可心里就会嘀咕："这个人连自己的形象都不注意，太不尊重人了。"这样的沟通就很容易出问题。因此在沟通之前，我们要注意问自己几个问题：我此刻的状态好吗？我是否能确保自己清晰完整地表达想法？如果我们觉得自己的情绪并不饱满，或是身体有些不舒服，那这个时候最好不要去沟通，而应该自我调整、休息。当我们深刻地理解自己、接纳自己后，再去和别人沟通。

• 学会赞扬

很多人出现沟通障碍，一个重要原因，就是喜欢在沟通中夸大和吹嘘自己。当然，这种技巧在一定场合下是必要的，但如果一个人总是喜欢表现自我，这无形中就是在忽视甚至伤害其他人。倘若我们能换个角度，去赞扬对方，让对方觉得：一个有能力有水平的人，他这么认可我尊重我，那我应该多听听他的意见。这样，沟通的效果也许会很不错。

你也许会觉得：我也想赞美对方，但有时候我真的找不到什么可赞美的！那么我们不妨看看沟通大师卡耐基的做法。

有一次，卡耐基到一栋大厦里见一位朋友，他不知道怎么走，于是问一位服务员："请问舒维尔先生的办公室在哪里？"这个服务员穿戴整齐，一气呵成地说："舒维尔先生，18层楼，1816号房间。"卡耐基看出这位服务员非常自信，他由衷地说道："你的回答非常清楚准确，真像一位艺术家，太了不起了！"这位服务员听了，立刻变得精神抖擞，整个情绪都高昂起来。这让卡耐基也觉得，自己做了一件特别有意义的事。

可以看到，卡耐基赞扬的方式非常直截了当，就针对当前的情境去夸奖对方。假如和别人讨论工作，我们可以赞扬对方工作努力、效率高；和别人聊八卦，可以赞扬对方消息灵通、人脉广。简单来说，就是"聊什么夸什么"。也许在一开始，你会觉得有些尴尬，但是经过刻意练习后，你会很自然地去赞美别人，获得好感。

以上是关于尊重的一些建议，下面我们再聊聊倾听。

三、倾听

说到倾听，很多人可能会觉得：这个我知道，我们从小就会听啊，还被教育要听父母的话，听老师的话，现在无非就是改一下，我们要听那些和我们沟通的人的话。这个理解其实并不准确，我们简单做个区分。人从一出生就会听，这是一个生理概念，声波传到耳膜，引起振动后再由听觉神经传输到大脑，这是人体正常的器官功能。而所谓的倾听，其实是一个社会化的动作，从中细究，它其实包含四个要素。

第一个要素是听到。我们在沟通的过程中，要能够完整接收到对方发出的有效信息。当我们和一个人沟通，与他的声音同时传入我们大脑的，还有很多别的声音，比如环境的噪音，我们一些多余动作的声音，包括我们如果在咖啡厅、电影院这样的场所，还有许多背景音。我们需要将对方表达信息的声音，从各种各样的声音中过滤出来，形成基本的信息链条，这是一个生理过程。

第二个要素是理解。我们要对自己所接收的信息进行选择，将注意力集中在真正重要的信息上。比如一个女孩跟她的男朋友抱怨："我太生气了，我的同事居然在办公室那样指责我！"这个时候，男朋友就要进行理解：在这句抱怨中，哪一部分是重点呢？是前半句，还是后半句呢？如果前半句是重点，那他应该马上安慰女孩；如果后半句是重点，那他就应该去了解这件事的过程。一般来说，沟通中人们的需求、情绪、行动都可能成为重点，需要我们结合具体的沟通情境去理解。

第三个要素是回应。我们在理解对方发出的信息的基础上，给予对方明确的行为反馈。例如保持眼神交流，做出适当的表情，微微点头。积极的回应会促进沟通双方的情绪和思维。而那些消极的回应，比如打哈欠、眼神飘忽则会让对方感到不满，影响沟通。

第四个要素是记忆。这也是很多人容易忽视的地方。如果在沟通中，我们无法记住那些关键信息，这就意味着，我们无法做出有效的行动。有研究表明，大部分人对刚刚听完的信息，只记得50%的内容，在沟通后的8小时内，这个比例会降到35%。所以我们最好养成一个习惯，就是在沟通后，经常性地回忆那些要点，这样能够极大地提高沟通和记忆的效率。

其实从这几个要素里我们也能看到，倾听并不是一个单纯的动作，而是混合了生理反应和心理反应过程，需要我们协同许多复杂功能，才能很好实现的综合行为。那么在实际沟通中，我们又该如何做一个好的倾听者呢？这里我们提供三个方法。

四、如何做一个好的倾听者？

• 引导对方多说话

当一个人有许多意见要发表的时候，他多半不会注意你的观点。因此在倾听对方说话时，我们应该多加引导和鼓励。另外，人们在说话时，经常会带上一些情绪，我们让对方说话，可以让情绪抒发出来，尤其是那些负面情绪。具体来说，我们可以根据对方的发言，寻找他们想说话的兴趣点。例如一个朋友告诉我们："我上周日去了一趟迪士尼乐园！"我们可以接着往下问"那一定玩得很开心吧！"或者"那里一定很好玩吧！"然后朋友就会详细地描述自己去玩的过程。在他描述的时候，其实他就已经慢慢回到当时那个情绪，感受那种快乐。这种情绪会自然而然迁移到我们身上，他会觉得，我们也是一个让他快乐的人。可事实上，我们只是说了几句话，让他快乐的人是他自己。

- **帮对方总结**

很多人在沟通的时候，总想着去评价对方，这其实是很冒失的做法。因为生活中的大部分事情，我们很难分出绝对的好坏对错。这个时候就需要另外一种方式：帮对方总结。

比如某位母亲说："我周末带孩子吃了一顿垃圾食品。"

从表面上看，垃圾食品当然不健康，孩子应该少吃。可是换个角度，很多孩子喜欢吃这种食品，家长希望孩子快乐，偶尔也会带他们去吃。这个时候，如果我们去评价就可能涉及对错的问题。而且这种评价一般都很主观，不管我们怎么说，都有得罪别人的风险。所以，我们相对合适的做法，就是简单总结对方的发言。比如，我们可以故作吃惊地说："什么，你们去吃大餐了？"这时候，对方就会把她想说的，一股脑儿都说出来。这种简单的总结，其实包含一句"潜台词"：我听到你说的了，也认同你的观点，请继续说下去。

• 避免争辩

关于争辩，我们要记住一句话，"只要我们与人发生争辩，不管争辩的结果如何，沟通已经失败了"。即使我们表面上取得了胜利，我们的观点受到认可，但是对方会感到被伤了自尊，心怀不满。有的人也许好奇，如果不去争辩，我要如何保证对方接受自己的观点呢？其实我们在上一节提到过，站在对方的角度，寻找双方利益的结合点。当然，关于具体的方法和技巧，我们在后面还会细说。但我们要记住，尽量不要在沟通中和人争辩，不要起正面冲突。

以上就是这一节的主要内容。想要对方理解认可我们，前提是我们要尊重对方，成为一个好的倾听者，他们才会更愿意敞开心扉。

第二节　怎样让人脉自然"生长"？

在职场中，我们经常听到"人脉"两个字。那什么是人脉呢？沟通和人脉有关系吗？有的人觉得人脉就是高层次的沟通。我们身边有很多同学、同事，大家有个圈子，总在一起吃和玩，有什么事情也会彼此帮助，这也是许多人常用的社交方式。可是严格来说，这并不能算人脉。因为真正有效的人脉，与我们日常沟通基本的出发点、发展逻辑有很大不同，有时甚至是相反的。这是怎么回事呢？今天，我们就来说说，到底什么是人脉，如何发展人脉。

一、人脉的本质：基于沟通的价值交换关系

要理解人脉，我们从一个更基础的概念开始，那就是"关系"。美国著名的沟通大师威廉·J.瑟勒把

关系定义为"至少两个人之间建立起的关联,用来描述人与人之间的亲密程度,或者亲缘关系"。比如男女朋友、同事、亲子、邻居等等,这都体现了不同人之间的感情联系。这样看来,"沟通"和"关系"似乎是画等号的。当两个人开始沟通,他们会有生活的互动、情感的联系。但是我们接着想想,当一个人在描述人脉的时候,一般会怎么说呢?他会说:"我认识某部门的经理……""我熟悉某个渠道的经销商……"这其实就蕴含了日常沟通和职场人脉的根本区别。

生活中的关系是情感导向的,一段关系意味着我们和某个人在情感、亲缘上存在沟通。而人脉是价值导向的,人脉的连接,意味着价值流动和交换的可能性。人们在生活中,更多沟通的是自己的近况、情绪、想法,这些是相对私密和主观的内容。但在工作中,我们更多谈的是目标、计划、成果等客观、可衡量的话题。这些都说明:日常生活的沟通和职场中的人脉有很多不同。具体来说,我们可以从以下三个角度,了解人脉与日常关系的不同。

二、人脉沟通的特点与价值

• 人脉沟通是"网状",日常沟通是"线条"

人脉一般包含较大的范围,小到一家公司,大到一个行业,都可能形成人脉网。当一个人进到一个人脉圈中,他所联动、交往的个体可能远远超过自己的生活。就像我们平常工作,一个小部门可能就有十几人,如果算上其他交往的部门,加上其他外公司的同事,很容易就突破百人,这就形成一个巨大的网状结构。在这样一个圈中,人们经常流动,交往多半是相互交叉的,不存在某个处于支配地位的个体。所以很多人会觉得,职场人脉庞大复杂,日常交往就已经耗费了很多精力,更不要说去维护、去跟别人更进一步交往。

在日常生活中,我们的沟通范围其实很窄。例如一个核心家庭,上下两代人,一家三四口,而且结构非常清晰,父母处在家庭的核心地位。或者一个班级,也就是几十人,老师负责管理。一个人交往密切的家人、同学,也就是那么寥寥几人。因此日常沟通大多是线条状的,点对点的。跟这些人在一起,我们较少感觉到压力,大多是比较轻松舒适的。

尽管职场人脉给人带来压力，其效率和力度却远超日常生活。举例来说，家庭夫妻之间、亲子之间商量事情，可能反复沟通也商量不下来；在职场中，几个电话，几封内部邮件，可以协调许多人同时行动。

• 人脉沟通处于浅层，日常沟通更深入

在职场人脉中，人与人相处的时间很短，相互了解的也不那么多，所以它很"浅"。可是"浅"并不代表人脉没有价值，我们要辩证地看。老话说"以利相交，利尽人散"，这是把人脉看作一种缺乏温度、难以持久的社交方式。但是我们深入思考，就会发现：人脉的核心目标是带来经济价值。在这种背景下，追求交往的直接、高效，创造价值反而是一种合乎理性的选择，而情绪价值，在人脉中往往处于次要，甚至不重要的地位。

我们举个例子，职场人小张有一个创业项目，项目可行性很强，预期收益也不错，可惜因为自己手边的钱不够，所以一直无法启动。后来朋友为他介绍了王总。王总和小张处于同一个行业，名下有两家公司，平常也投一些创业项目。听说小张的项目后，王总很感兴趣，于是两人开始联系。小张想着既然是朋

友介绍来的,就约王总吃饭,谁知王总直接让小张到公司详聊,一聊就是好几个小时,直到深夜两人才各自回家。他们这样沟通好几次后,王总决定投资了。小张很惊喜,这才恍然大悟:原来职场大佬用人脉,看的不是"交情",而是你能否给他带来价值。

所以,很多人在职场中也存在一个问题,叫作"交浅言深"。职场关系明明就很浅,大部分人都是短期交往,有的人却跟别人交往特别深入,把自己的许多想法、观点告诉身边的领导同事,被他人了解太多,就很容易受到伤害。职场的人脉虽然"浅",但就像我们举的这个例子,其中蕴含的资源和价值巨大。

相比人脉沟通的浅层关系和价值取向,日常生活的沟通则更加深入,注重情感。因为我们日常的交往时间一般都比较长,交往的对象也比较稳定,彼此的感情纽带也更为结实。我们很多对其他人难以启齿的事情,对好友亲人却可以自然地说出来。

· **人脉与日常关系的相互补充**

通过比较,我们已经了解了人脉在职场方面的价值。它并不像许多人印象中的那样,很"虚"、很

"假",而是有其自身的价值取向和发展逻辑。更重要的是,人脉是我们日常关系的重要补充。那么也许你会问了:职场上的人脉和生活中的朋友,有没有可能"合"到一起呢?答案是肯定的。许多商业大佬,既是生意场上的合作伙伴,也是生活中的好友。比如马云和史玉柱,当马云的支付宝深陷舆论危机时,史玉柱主动站出来为他辩解;马云创办基金,史玉柱也很积极地投资。两人在私下还经常一起聚会。还有雷军和陈年,他们曾经是一起工作的同事,分开后一个创办了小米,一个创办了凡客,仍然经常一起搞家庭聚会,做投资。如果能把职场中的人脉带入自己的生活,这就是在两方面都做得比较成熟的表现。

可是坦率地讲,这样的关系比较少见,可遇而不可求。毕竟职场是一个讲求竞争、优胜劣汰的地方;日常的相处需要个性的适应磨合。对一个人来说,同时满足这两方面条件的伙伴可能不多。但正因其困难,我们更能感受其中价值,这是一个值得努力的方向。

那么,我们应该怎样去拓展人脉,实现更多的价值呢?下面我们介绍几种方法。

三、让人脉自然"生长"

•主动沟通

人脉的作用是价值交换,那么这当中就存在这样的问题:我们要如何开始交换呢?谁来走出第一步?许多人第一反应是"索取",等着对方来联系我。他们认识了一个牛人后就会下意识地想,我能从他那里获得什么?我要怎么做才能获得他的帮助?等等。我们还是等着大佬提出他的要求吧。

但如果真的这样想,其实很难收获真正的人脉。因为价值往往不是唯一的,对方不一定要和我们做交换。优质的人脉,身边总是有更多的追随者。所以,如果我们想拥有人脉,就要先去思考:如何主动迈出沟通的第一步,帮助到别人?当我们主动沟通,为别人提供帮助的时候,往往也是对方接受我们的时候。也就是说,形成人脉,往往需要我们先踏出一步,站在对方的角度去沟通,提供帮助,才能让对方认可自己的态度和诚意。

有的人也许会觉得,如果每个人脉都需要我去主动付出,这会不会让人心力交瘁?这就要用到第二个方法了。

• 整理不同价值类型的人脉

人脉关系虽然很浅，但是对不同的人，价值却有高低。美国社会学家马克·格兰诺维特提出过一个"分级理念"，把人脉关系分为"强链接"和"弱链接"。

所谓强链接，就是在职场中，能为我们提供直接帮助的人。例如你的直接领导、身边的同事，他们能为你的工作带来直接助力。

而弱链接，指的是和我们在工作上有一定交集的人，例如其他部门或团队的员工，工作中上下游的合作者。这些人一般能给我们提供各方面的支持，例如提供行业信息，这些支持能让我们更好地完成工作，了解行情或加深对某些专业领域的理解。

强链接能给予我们最多的帮助，这些人也是我们人脉的重点，需要我们重点维护。但我们也不能因此小看弱链接。因为格兰诺维特发现，在美国，超过80%的工作机会，都是通过弱链接发现的。

一个比较好的策略，就是增加与强链接的互动，同时维持自己在弱链接的影响力。比如在强链接方面，经常和领导、同事进行社交或聚会等活动，在工作中更积极地承担责任，分享经验，尽可能地给其他人留下好印象，等等；在弱链接方面，偶尔与别人进行电话的问候，在固定的公司活动上聊天，或者在朋友圈点赞评论，等等。

当我们发现某个弱链接的人脉开始变得重要，给我们带来了更多的支持或工作绩效时，那就应该加强交往，把他变成强链接。同样的，当其他人认同我们的价值，也会主动地把我们介绍给别人，让我们的人脉网越来越大。

• 善用"中间人"进行沟通

在人脉关系中，还有相当一部分人，他既不属于强链接，也不属于弱链接。可是我们又想认识，这个时候就需要用到"中间人"。

人际关系中有一个著名的"六度人脉理论"，是指地球上所有的人都可以通过六层以内的熟人链和任何其他人联系起来。简单来说，无论你想认识谁，最多通过六个人就够了。而在日常生活中，有时甚至不会超过两个人。所以当我们不知怎么打开局面的时候，就可以找到我们和链接对象都认识的"中间人"。

当然这个中间人也不是随便找的。我们最好能保证，这个中间人和两方都是强链接状态。如果不是，那至少要和对方是强链接状态。因为这关系到一个基本的信任问题，如果一个人是你很熟悉、有信任关系的人，那么由他来介绍，这种信任关系会顺着人脉传导，可以节约很多沟通成本。

但是如果由一个你不熟悉的中间人来介绍人脉，我们内心自然会多一层戒备，这就是人的自我保护意识。所以我们在寻找中间人的时候要注意这一点，寻找有强链接的人为我们牵线搭桥，价值交换的成本会低很多，效率会高很多。

好了，说到这里，我们总结一下本节的主要内容。所谓人脉，是基于沟通的价值交换关系。它和我们日常生活中的关系不同，它是一种网状结构，处于人际关系的浅层，并且可以和日常关系互为补充。想要更好地拓展人脉，需要我们积极主动沟通，有意识地整理人脉，善用"中间人"进行沟通，进而达到目标。

第三节 你能掌控一场聚会吗?

2017年12月,一张关于乌镇互联网大会的照片传遍了网络。照片的内容是一个聚会,参与者有腾讯的马化腾、京东的刘强东、小米的雷军等十几位互联网头部企业的创始人。有网友评论戏称:"这是一场'价值万亿'的聚会。"多少巨大的商业合作,就在这一个饭局敲定了。

其实我们稍微注意一下就会发现,乌镇互联网大会的"饭局",已经举办了很多届。在生活中,许多机会也是在非正式的聚会中出现的。可是对许多人来说,生活中或许经常出门聚会,但要在聚会中主动结交人脉、发现机会还是很有难度的。那么作为聚会的参加者,应该如何掌握沟通的主动权呢?

一、聚会的心态：寻求价值，积极表现

许多人对聚会存在一个误区，那就是聚会一定要有趣、好玩。如果在聚会中感到无聊，很多人就会掏出手机，刷刷朋友圈，看看短视频，等到自己感兴趣的环节，再参与进来。

事实上，对一个聚会来说，"好玩"只是次要的，甚至是不重要的。我们想一想，带着"有趣"思维去进行一场非娱乐聚会，很容易给别人带来两个不好的印象。一是"你很随意"。在一场聚会中，很多人都是第一次见面，但是你表现得太过放松，似乎对聚会没有做任何准备。二是"我不重要"。如果和你聚会的人很重要，你就不会这么轻松随意，任何行为都由着自己，或只是在有必要的时候，才和别人客套两句。在这样的错误思维下，人们很难达到设想的社交目的。

其实我们想想就会发现：现代社会，聚会在一定程度上决定了我们的生活方式。它将人们聚在一起，不仅仅是共度一段时光，更是互通信息、相互了解、探索相处方式的过程。掌控聚会，需要的不是多么有魅力的形象、多么高的职位或多么丰厚的财产，而是

细腻的心思、巧妙的融入，以及不断尝试的耐心。

那么我们具体应该怎么做呢？一般来说，参加聚会有三个步骤。

• 积极表现

坦率地讲，很多时候我们参加聚会不是出于自愿，而是出于部门的要求、朋友的邀请，碍于领导的面子或是朋友感情才去的。但是不管我们为什么去，都不要忘记自己的目标——让聚会带来社交意义上的价值。所以应该尽量做一些准备。比如提前整理打扮一下，男性让自己看起来精神、清爽，女性可以化一些淡妆。

到了聚会现场，要注意适当地融入，主动与别人寒暄。许多人可能会觉得，我跟别人没有多少话题可聊，尤其是陌生人，交流起来觉得很尴尬。可对沟通高手来说，他们并不会觉得没有话讲，因为他们的话题不是临时找的，而是自己事先准备的。他们一般会由浅入深地准备3—5个让人感兴趣的、能发表意见的话题，而不仅仅是机械地问答。

比如下面这几个。

问：你做什么工作？

答：我是一个程序员，工作内容是让大家用手机和电脑的时候更方便快捷，好有更多时间和朋友们聚会！

问：你有什么兴趣爱好？

答：我喜欢长跑，它能调节心情，让我们精神更好，保持良好的形象！你们有兴趣吗？

问：你是哪里人？

答：我是XX地方人，如果大家去我们那儿玩，我可以推荐几个好玩、人又不多的景点……

相信你也发现了，聚会的气氛虽然很放松，但其本质还是一种社交。因此，我们在沟通中最好带上一些价值，对各种常见的话题保持好奇心，对不同的人和观点保持开放，并且在一定程度上和他人分享。这样就能表现出正面积极的形象，在别人看来，你会是一个很不错的沟通对象。

• **适当包装**

许多人之所以反感社交聚会，就是因为他们觉得人们在社交中总会显得很"假"，很多人都端着，生硬地说一些礼节性的话，或者吹嘘自己，以此显得很"高大上"。

事实上，这是许多人对社交的误解。所谓的"假"，说得简单一点儿，就是包装自己。比如某个男同事，大家平时都知道他是个神经大条、行事粗糙的人，可是在团建活动中，面对其他部门的女孩，他却显得很绅士，彬彬有礼；或者某个领导，在私下里对下属很刻薄，到了饭桌上却突然显得温和起来，还向大家敬酒，请下属多多支持他的工作，把自己包装得很随和。

包装自己这种行为并没有错，问题在于，很多人不知道如何包装，给自己虚构出不存在的人设，这当然会惹人反感。聪明的沟通者，从来都是在"真"的基础上包装自己。什么意思呢？就是突出自己的特点，发挥自己的长处。

例如某个神经大条的人，在聚会中可以凸显自己的大方豪爽，主动地带动大家唱歌、玩游戏；某个平常严苛的领导，可以发挥自己的观察力，给下属一些中肯的建议。也就是说，在聚会中包装自己，应该放大自己原来就有的性格特质。只有这样，认识我们的人才会觉得合理，被我们吸引而来的人会觉得收获了价值。否则的话，就会给人表里不一，"假"的感觉。

• **主动社交**

很多人其实也想在聚会中认识新朋友,但是苦于不知如何开口。如果你做到了我们前面说的两点,相信我,你就已经成为那种会让别人觉得"有兴趣"的人。因为和你相处会让对方感到舒适,同时你自身也展现出了许多价值。这个时候,我们要做的,就是去主动链接我们想要结识的人。这一步的关键在于找"链接点",也就是我们与别人的共同点。

根据英国人类学家霍尔的"社会距离"理论,那些具有更多相同点的人,他们的"社会距离"是更近的,内心也会自然而然亲近一些。所以我们经常会看到,很多人喜欢通过老乡会、同学会社交,实际上就是利用共同点跟别人做链接。

对我们来说也是如此,在跟人沟通的过程中,尽量多找一些共同点,可以是工作内容上的,也可以是兴趣爱好上的、思维上的,只要善于引导和挖掘,多少是能找出一些共同点的,这就足够形成链接,为进一步的社交做准备了。

以上就是我们社交聚会的基本心态以及一些基本步骤。下面我们说说,不同社交场景的一些注意事项。

二、不同社交场景的注意事项

• **同学聚会**

同学聚会的特点，是聚会的成员都有一定的感情基础，有很多共同点，沟通起来不会冷场。但也会存在问题——大部分人都想表达，都想说自己这些年的经历、想法，容易演化成相互攀比、炫耀，让其他同学感到落差，这样一来，社交也就变味了，起不到那种相互促进、提供价值的作用了。

这个时候，就特别需要我们的一项沟通技能：引导话题。比如我们参加某次聚会，酒过三巡，大家也重新熟悉了，也不端着了，有人开始有意无意地打听一些隐私："你现在什么级别啊？""你现在收入多少啊？"这时候有的人喝了点儿酒，加上一些面子观念，就开始胡乱吹嘘："我现在一年几十万啊！"当然有些不服气的同学就会反驳："就你那公司，怎么可能有几十万，充其量'二十'出头！"这个时候话赶话，很容易就会发生冲突。

所以我们要注意，如果话题出现失控的苗头，就要开始引导话题了。怎么引导呢？比较合适的方法，叫作"忆苦思甜"。我们可以说："那么多钱可不少了！想当年上学的时候，买个零食、玩个游戏都要掂量掂量呢，现在大家可都'阔'起来了！"

我们以回忆的方式，及时引导话题，其实也是在提醒同学们，几十年同学不易，大家要记得当年，不要为一点儿口角影响感情。这样一来，我们也可以运用这些感情加强和同学的联系，挖掘新的价值。

· **工作应酬**

工作中的应酬，可能是规矩最多，也最让人反感的一种社交方式。但是现实地说，许多应酬确实是必要的，那么我们应该怎么去应对呢？一方面要聚焦主题。既然是工作上的应酬，那么聚会中的话题，还是应该以工作内容为主。举例来说，我们参加完某次会议，在合作方的邀请下一起吃一顿晚饭，那么在饭桌上的话题，还是应该延续会议上的内容。可以是对会议内容的延伸，也可以去探讨一些会议上没涉及的细节，这样才会给人连贯自然的感受。如果因为觉得这是一场聚会而天马行空地聊天，反而会让人感觉不专业。

另一方面，要善于"略过"不擅长、不喜欢的场合。在工作应酬的时候，可能有些我们不擅长的环节，比如喝酒，这个时候可以通过自己在其他方面的行动，去"忽视"这些内容。例如给喝酒的领导同事倒酒、夹菜、送他们回家等等。也就是说，即使自己不擅长，也要力所能及地去做一些事情。这也是职场沟通的一部分，我们应该尽量地掌握主动权。

• 朋友聚会

在朋友聚会的环境中，每个人其实是比较熟悉的，整个氛围都很放松，大家也都有话题可聊。但是这类聚会也有一个问题，容易演变成家长里短的"茶话会"。就像逢年过节的时候，一家人坐在一起，聊着聊着就变成谁家孩子结婚了，谁家又生孩子了，谁又离婚了云云，这类话题确实非常无趣，尤其一些年轻人，会感觉特别乏味。

那要如何改变这种情况呢？一个比较好的做法，就是避免那些固定套路和套话，去挖掘一些新话题、新形式。比如有的人，绝大部分和朋友的聚会都在吃饭，那就可以换个形式，调整聚会内容：组织一次郊游，找一个环境优美的地方徒步；或者进行一次露营，寻找专门的营地去搭帐篷、做饭。如果平常都是朋友之间聚会，还可以带上家人，带上其他更多的朋友。为什么要这样做呢？因为朋友之间已经有了足够的信任，彼此也非常熟悉，这时候就应该创造一些新鲜感、新形式，让新成员加入，给社交生活带来更丰富的体验，让人更投入、更开心；也可以给沟通带来更多场景，让彼此交流更多，关系更紧密，很多新的价值也就蕴含其中了。

本节我们说到，现代意义上的聚会其目标一般是获取社交价值，而"有趣""开心"这些情绪上的价值是次要的。为了实现这个目标，我们要学会在聚会中积极表现，适当包装自己，主动链接他人；在不同的聚会场景中，以不同的沟通方式与别人增进感情，挖掘更多价值。

———————————————————— 第三课

职场中每句话,都是价值和资源

- 第一节 如何让领导把你当心腹?
- 第二节 你和同事真的在竞争吗?
- 第三节 怎么让公司的外部伙伴成为你的资源?

第一节　如何让领导把你当心腹？

在第二课中，我们讲到许多日常的人际沟通技巧。从这一课开始，我们会介绍各种特定类型和场景的沟通技巧。第三课我们要讲的内容是，在职场中，如何通过沟通争取资源，实现价值。说到职场，我希望你首先认识到职场本身的复杂性。就像上一课我们在人脉的价值导向中所讲的，职场与我们的生活圈是截然不同的。**在职场中主导价值的因素有很多；同样的，在职场中决定我们前途和方向的因素也有很多。**

举个很简单的例子。小 A 和小 B 竞争一个经理岗位。小 A 是个很优秀的员工，平常很努力，各项工作也非常认真，完成得很好，同事们对他评价很高。而小 B 呢，平时说话有点儿吊儿郎当的，工作上也过得去，但他特别善于交往，在其他部门、其他公司乃至行业里有不少熟人，时不时利用自己的人脉，给团队带来一些业绩，许多同事私底下都和小 B

一起出去玩过。我们不妨想一想,如果你是公司老板,会提拔哪一个人呢?估计大部分人会选择小B。其实这也反映了一个现实情况:单纯的才干与能力,不一定能完全支撑我们快速成长。**一个踏实肯干的人或许会成为领导喜欢的人,但却不一定会成为最重要的那个人。**

当然,你也不必因此感到不公平,我们现在所学的沟通,其实就是一个能放大个人能力,争取更多机会的方法。抱着这种学习、提高的心态去理解职场中的沟通,可以让我们更快地认识职场的本质,更好地运用自己的沟通技能。这一节,我们的主题是"如何让领导把你当心腹"。

一、与领导沟通的前提:充分的尊重

不夸张地说,职场中的领导,尤其是直接领导,在很大程度上决定了我们的前途。我们的薪水、升职等许多事项,都由领导说了算。从这个角度来说,我们的工作结果如何,是否优秀,关键在于是否让领导满意。我们要如何让领导满意呢?我们会发现,领导风格其实是非常多变的。有的领导很随和，善于和下属打成一片，也能够听取下属意见。有的领导，平日里表现得很严肃，感觉不那么好接近，还经常会批评、教育下属，这就让许多人感到无从下手。那么我们具体应该怎么去做呢？在这里，我们从领导的共性出发，介绍一些通用的实战技巧，以便快速和领导拉近关系。

我们要注意一个前提：充分的尊重。我们之前讲过尊重这个话题，要让对方感受到我们的重视。那么对领导，这种"尊重"需要升级，**对领导不仅仅要重视，更需要做到的是服从和尊敬。**

理解和尊重是每个人都期望得到的正向反馈，领导也不例外。不要因为领导表现得很随和，我们就可以表现得很随意。我们反而应该更加尊重，给他们一个好印象，"这个下属非常关注我的感受和意见，如果我有什么想法和行动，他一定会跟我'统一战线'"。

例如在公开场合，一定要以尊称去称呼领导，比如"某总""某主任""某长"等等，而不要轻易直呼领导姓名。跟领导沟通，或者领导有事交代的时候，要立刻把手头的事停下来，面向领导，认真地沟通，包括眼神上的交流，要尽量传达出那种认真、端正的态度。

如果有人在背后议论领导，或者想通过我们了解领导的情况，尤其是一些私事，我们一定要注意维护领导的尊严。例如某个同事，某一天神神秘秘地问："唉，我听说某领导离婚了，你知道吗？"这个时候，最好的回答就是不要回答，我们笑一笑说"不知道"就可以了，尽量不要回答，更不要去传。否则很容易被职场中的"八卦新闻"给误伤。

当然了，尊重并不意味着卑微。因为在人格上，我们和领导都是平等的。在一些传统观念中，下属和领导可能有些人身依附的概念，但是在现代职场，我们能做到不卑不亢就好。

如果在工作之外，领导有一些生活上的私事需要我们处理，这个时候就应该公私分明。在个人层面上，如果我们觉得这个领导值得深交，那就以朋友身份去帮助对方；如果我们觉得没有必要，可以委婉地拒绝。

二、与领导沟通的本质：形成"利益共同体"

当我们学会了尊重，就可以进入下一个阶段：和领导形成"利益共同体"。对领导来说，要支持、提拔一个下属，归根到底，就是要这个下属能帮自己争取利益。所以对我们来说，要真正赢得领导信任，就要找到自身和领导利益的"结合点"，让领导将我们当成"自己人"。我们具体应该怎么做呢？

一方面是了解领导的意图。我们需要经常性地转换视角，去理解和观察领导的需求。有时候领导的意图很明确，开展一项什么工作，有哪些流程，需要我们去做什么。这时候，我们需要的就是听话照做，不要有太多自己的想法和心思。但更多的时候，领导的意图其实是隐晦的，甚至他自己都不太清楚。举例来说，领导交代我们："你帮我做一个PPT，用作这三个月的工作述职。"这个意图看起来很明确，做一个PPT。但仔细一想，这PPT是用来干什么的？应该有什么内容？有哪些要点呢？领导都没有说清楚。这个时候，就需要我们凭借自己的经验，先有一个简单的思路和框架，再去跟领导磨合。要注意，尽量让领导做选择题，而不是填空题和简答题。

我们可以这样问："领导，您做这个PPT是为了汇报部门业绩还是升职呢？"这样问其实可以促进他们的思考，也能够发挥我们参谋助手的作用。要避免简单地问:"领导,这个 PPT 有什么目标?"

另一方面是结合自身需求。沟通是有目标的,所以在我们了解了领导的意图后,就要结合自身的需求,看看如何实现"双赢"。如果一个人更看重经济报酬,那就应该和领导共创价值;如果更看重学习和成长,那就积极参与更多工作。

例如,领导交代我们制订一个销售方案,这是以经济价值为主。那我们在制订这个方案的时候就可以思考,在这个方案中如何让领导获得更高的业绩,同时让自己赚更多的钱。这就是所谓的"借船出海":把我们自己的需求,放在领导这条"大船"上,并为之努力;当领导的大目标实现了,他的感觉很好,就会更加器重我们;同时我们的小目标,也在这个过程中间接达成了。这就形成一个良性循环,让我们和领导相互成就。这也是"利益共同体"的意义所在。

三、如何与"不对付"的领导相处?

古人云:"千里马常有,而伯乐不常有。"这句话肯定了伯乐的作用,他们可以在许多普通的个体中，挑出那些真正有潜力的，培养成团队的核心骨干。但反过来说，如果一个集体中，领导不看重一个人，甚至反感他，这个人恐怕很难有所成就。

当然，一个人被领导反感的原因可能有很多，也许是因为他的责任心不够，也许是被哪个同事在背后说了坏话，甚至可能是自身能力太强，被领导嫉妒。那如果一个人被领导反感，经常被"穿小鞋"，派一些费力不讨好的脏活儿、累活儿，这时应该怎么办呢？在这里，我们需要明确一个前提，就是不论与领导是否对付，他在职位、人脉和经历上都是比自己要强的。我们还是应该尽量让关系积极发展，而不是去反对、抗拒领导。那么下面说说，在这个"大前提"下，如何应对那些和自己"不对付"的领导。

第一个建议，尽量不要让领导觉得意外。作为领导，多数人都习惯将人和事把握在自己能掌控的范围中。如果一个人做的事、说的话总是超出他的意料，造成许多不良后果，那就很容易招致反感。所以我们要有这种思维，有什么事要多沟通、积极沟通，尤其是有什么问题要及时去汇报，这样可以让领导慢慢理解我们的态度。

第二个建议，适应领导。客观地讲，每个人都有自己的性格特点。有的人和领导相处不来，不是因为自身的能力水平不够，而是因为性格上和领导合不来。比如领导办事风风火火，下属却不紧不慢；领导喜欢踏实老练的，下属却更喜欢创新。这个时候，我们最好能收敛一些个性，尽量去适应领导，按照领导说的行动，这样才可能在和领导达成一致的情况下，实现双赢。

第三个建议，也是最后一招，走为上计。 当我们实在无法适应领导，那就只能尽早离开，到别的部门或团队，寻求更适合自己发展的环境。

本节我们说的是在职场中如何与领导沟通。与领导沟通，前提是充分的尊重，让他感受到我们的服从与尊敬。与领导沟通的本质，就是了解领导的意图，结合我们自身需求，形成"利益共同体"。如果遇到和我们"不对付"的领导，则要注意避免意外，尽力去适应领导。如果实在不能与领导达成一致，那就只能尽早离开，寻找更适合自己的发展环境。

下一节，我们将介绍如何与同事交往。

第二节　你和同事真的在竞争吗？

在第一节中，我们讲到和领导沟通的方法，这一节我们来聊一聊如何与同事沟通相处。

相信每个经历职场的人都有这样的疑惑：同事到底是敌是友？很多人说"同行是冤家，同事是对头"，这话有一定道理。举个简单的例子，一个部门，少则三五人，多则十几人，干到最后，往往只有一两人能得到晋升，其他人都要"靠边站"，这当然是一种竞争关系。

但事实真的是这样吗？我们换一个角度，在现代职场，有哪个职位能独立完成一项任务？有几个人能只靠自己成交一笔生意呢？管理学大师德鲁克说过："每个人都是'有限理性'，分工合作可以让每个人发挥自己的长处。"在大部分公司中，一个简单的小项目，都要通过领导开会，同事们分工执行，一起得到结果。这就是典型的合作关系。所以，对于同事之间的关系，我们始终要带着一种辩证的态度。

一、同事的意义：让不同"角色"实现更好的团队合作

一方面，我们要理解同事带来的竞争压力。美国著名心理治疗师琳达·多尔提出，人们在向她寻求帮助时，经常抱怨职场的压力。她原以为这种压力是来自老板或领导，可事实上，人们的职场压力更多来自同事。因为同事之间的距离更近，可比性更强，家庭背景、职位、薪酬、能力都可以成为比较的对象，这在无形中带来了许多压力。另一方面，我们还是要回到职场本身。职场是生产和交换价值的地方。团队，是由一群各不相同的人，为了实现共同价值而组合起来的集体。如果一个人能找到自己的"角色"，给同事带来专业、专注的感觉，让人觉得，一起共事能做出更多成果，得到更大的利益，那么他就是一个优秀的同事。这样一个价值共创者，才更符合团队和职场的需要。

那么，我们应该如何理解团队角色呢？英国剑桥大学的"团队角色理论之父"梅雷迪思·贝尔根据

职场团队成员的行为，将团队成员划分为九种不同的角色。

（1）创新型角色：有创造力，善于出谋划策，善于用非传统的方法解决问题。

（2）资源调查型角色：外向，善于争取外部资源，和外部机构进行沟通。

（3）协调型角色：像团队的领导者一样，专注于其他成员的目标，推进团队的整体进度。

（4）塑形型角色：有活力的行动派，可以在项目面对困难时，重新评估订立方向，推动项目发展。

（5）监督型或评估型角色：能够站在幕后做出客观的观察分析。

（6）合作型角色：拥有很好的合作精神，营造良好氛围，能为团队注入和谐感。

（7）执行型角色：值得依靠的高效组织者，根据领导者的要求快速执行。

（8）完成型角色：能够一丝不苟地按照项目细节要求来完成工作。

（9）专家型角色：站在专业角度，为团队贡献专业技术性知识。

一个人在团队中的价值不是唯一的，角色也并非单一的。举例来说，一个提供技术的专家，同时也可能是一个创新者，为团队构思许多新的产品和服务。团队角色理论，也从团队分工的角度回答了我们和同事的竞争问题。每个人都有自己的长处，当我们觉得同事们在某个方面的竞争很激烈，给大家带来压力的时候，也许是因为我们只看到了一个方面或某一个方向。如果能够转换思维，根据团队的需要调整自己的角色定位，也许能实现更好的合作。

二、与同事沟通的基本思维

也许你会感到疑惑，既然同事之间要共创价值，非友非敌，那我们到底应该怎么沟通呢？

·融入：在融入的基础上寻求伙伴

所谓融入，不单单是工作层面的分工协作，还包括团队氛围和文化的融入。有的互联网公司，其文化氛围是开明、开放的，鼓励员工自由地发表想法，和同事充分交流。处在这样的文化环境中，那就应该多和同事们交流思想，去开发推动一些新项目；也可以幽默一些，制造一些欢声笑语，活跃工作的气氛，让人际关系更紧密。别人遇到困难时，如果不复杂，不妨伸手帮助一下；别人遇到尴尬的事，替他保密，给他一个台阶下，多做一些顺水推舟的好事……这样能为自己创造一个和谐友好的工作环境。

同样的，有的体制内单位气氛比较严肃，领导更喜欢大家能够认真严谨，这个时候我们最好是多倾听、少说话，把更多的精力花在和同事分工、落实领导意见、推动执行上。对其他人保持基本的友好态度，对一些不同的意见和想法，应该更谨慎一些。因为体制内的关系相对复杂，而人员流动很少，如果产生一些问题，其影响力、修复的难度会更大，所以在这种情况下，我们最好能保守一些，先去了解其他人，再考虑自己的沟通策略。

• 筛选：**寻找志趣相投的伙伴**

寻求伙伴，意味着我们要对身边的人进行选择。一方面是选择认知思维。简单来说这就类似找对象，要选择个性跟我们相适应的合作者。比如有的人生性散漫，不习惯尽善尽美地去完成细致的工作，更喜欢去发挥创意、开脑洞；有的人就比较严谨，善于把杂乱的工作安排得井井有条。我们需要找那些认知思维相近，能力分工互补的人，作为工作中的"伙伴"，这样会更容易把工作干成。比如某个人是资源调查型的角色，善于争取到外部的资源，那么他最好和有执行力的同事合作，尽快行动起来，才能将那些争取到的资源用好。

另一方面是选择能力水平。经典电视剧《士兵突击》里有一句名言："想到"与"得到"之间，还有两个字——"做到"。一个人野心大不要紧，要紧的是能够把自己的野心一步步实现。那么，一群特长互补且水平突出的同事聚在一起，就更有可能实现这些想法。

当我们在合作中认真地进行合作与选择时，往往也就能判断到底哪些同事能与我们共创价值。当我们想要在职场进步时，这些同事就是极好的助力。

三、如何应对"问题同事"？

职场中有跟我们合拍、共创价值的同事，自然也有与我们关系一般，甚至给我们拆台、捣乱的同事。

即使我们是抱着友好合作的态度与人相处，但每个人的经历、想法不同，在职场中单纯竞争的想法还是比较普遍的。在这种情况下，我们有必要调整心态，形成一套应对那些"问题同事"的办法。在这里，我们介绍几个针对不同类型同事的沟通思路。

• 巧妙拒绝颐指气使的同事

很多人都碰到过类似情况。平常关系一般的同事，笑着脸来求助："我手头有急事，帮我处理处理这个文件吧，花不了多少时间的。"但只要我们不小心答应了，就会发现接下了一个费力不讨好的活儿；但如果直接拒绝呢，又会显得生硬，面子上过不去。这个时候，最好的方式就是谈条件。找各种各样的条件跟对方"交换"。例如，我们可以这样回答："我可以帮助你，但是我手头也有个任务，可能你得帮我做完，我才有时间帮你。"

这种做法的好处在于，不用直接拒绝同事，还暗地里表达了一句潜台词：请我帮忙是有代价的，不会让你白得好处。对于那些想要占便宜的同事，碰到一两次这种情况，也就知道我们不好欺负，自然知难而退。

• 用"装傻"应对八卦的同事

在一个团队中,总会有那么一些人,他们的思想和行动就像一个"小喇叭",四处打听别人的私人信息,又四处散播这些信息。今天说哪个同事出去相亲了,明天说哪个管理层和别人闹矛盾了。当然,从个人角度来看,这些信息是挺有意思,挺吸引人的。但是有句老话是这样说的:"来说是非者,便是是非人。"即使只是抱着听听而已的想法,也很容易被流言蜚语"误伤"。所以当碰到这类同事,比较合适的做法是"装傻",装作自己没听懂,不感兴趣,更不会去传播,这样会在无形中给自己省去很多麻烦、误会。

• 坚决远离搞"小圈子"的同事

每个人在工作中都有自己熟悉的人,有相互认可的合作者。但是有的人竞争意识过强,会把自己熟悉的人聚在一起,垄断资源,排斥其他人,甚至对抗领导。如果碰到这种情况,我们最好选择远离。因为小圈子一方面会阻碍我们发展人脉,另一方面它很可能触犯领导的利益,所以注定不会长久。如果我们想实现更多价值,最好远离小圈子,构建更大的人脉网。

好了,说到这里,本节的内容就差不多了。这一节,我们讲到如何理解职场中的同事关系。同事可以是我们共创价值的伙伴,不能用单纯的朋友或敌人来区分。为了促进这种关系,与同事沟通时应该在合作的基础上进行筛选,同时注意应对那些颐指气使的、爱八卦的和搞小圈子的同事。

下一节,我们将介绍,如何寻找团队外部的合作者,收集更多资源。

第三节　怎么让公司的外部伙伴
　　　　成为你的资源?

在第二节中,我们说到了职场中与同事的关系,这一节我们说说工作中来自外部的合作伙伴。这里的"外部合作伙伴",主要指那些因为工作原因和我们有来往,却不属于我们本部门的同事。比如我们销售某样产品,上游的宣发部门和下游的供应商就属于外部合作伙伴。

对大部分人来说,面对外部合作伙伴多少有些局促。比起朝夕相处的团队伙伴,这些是只有在特定阶段才会开始频繁联系的人。一下子就要开始与之合作,我们往往会因为缺乏深入了解和较稳固的感情基础而担心和对方是否能合得来,面对工作问题时是否能顺利协调解决,以后还会不会有下次合作。所以在这里,我们不妨开宗明义,给这些来自外部的合作伙伴下一个新定义,那就是资源。

一、外部合作伙伴是职场的"潜在资源"

为什么说外部合作伙伴是资源呢?这主要有两方面原因。一方面,是因为外部合作伙伴不是本部门的同事。很多人觉得,同事之间相互了解,合作起来可以节约很多沟通成本。可事实上,同事之间是既有竞争又有合作的特殊关系,这有时候是很微妙的。举例来说,我们跟一个同事漂亮地完成了一个项目,领导给我们发了一笔绩效奖励。可实际上,同事在这个项目上出力很少,要怎么分这笔绩效呢?这时就不得不顾及同事间的感情了。但来自外部的合作伙伴则不存在这个问题。尽管我们和对方不熟悉,但要知道,能到一起合作,那就说明目标一致,又不存在竞争关系,这就会成为我们在某个方面的助力。即使遇到某些利益上的冲突,一般也能直接说出来,不用顾及太多。

另一方面,是因为外部合作伙伴会跟我们形成互补关系。我们所在的部门,我们自己的职位,往往只能调动自己身边的资源,但是外部合作伙伴会带来其他方面的助力。比如一个人在营销策划部门,他的下游是销售部门,那作为销售部门的伙伴,就可以给他带来销售一线用户对产品的需求、反馈等情况，让他全面地制定营销策略，帮助销售部门的伙伴提高业绩，只要运用得当，就能形成"1+1>2"的效果。这就是我们常说的"他山之石，可以攻玉"。

需要注意的是，虽然外部合作伙伴蕴含巨大的资源，但他们是"潜在"的，而不是在我们身边随手可及的，它需要我们去开发和挖掘。尤其在选择伙伴之前，我们需要集中考虑几个问题。

二、选择外部伙伴的"关键问题"

・文化问题

文化是组织的基础和根脉，它是无形的，但又时时刻刻影响着人们的行为和评价。管理学大师德鲁克说过："企业文化就是一个企业的信仰。"我们在选择外部伙伴时也是如此，要注意所在组织、部门是不是倡导跨部门、跨公司的合作。大部分公司都很鼓励员工寻求外部伙伴，进行"跨界合作"，实现资源的互换共享。这个时候我们可以很自然地去了解其他人，积极地寻求外部伙伴。

然而也有少部分的公司、体制内单位、领导个人，思想相对固化，不鼓励职工寻求外部伙伴，或者有类似的"潜规则"。如果一个人身处类似的环境，那就应该注意，尽量遵循组织文化。如果有必要寻求外部伙伴，也要谨慎、低调地活动，避免引起注意，导致冲突。

- **道德问题**

要保证与外部伙伴有效进行合作，双方都必须有足够的道德感，这一点非常重要，尤其对一些年轻的职场人而言。因为我们和外部伙伴之间，往往缺少一种"硬约束"。比方说我们和同一个部门、团队的同事合作，不论产生矛盾还是起了纠纷，在大部分时候，都可以保持心平气和，进行有效沟通，即使发生难以处理的问题，最后还有本部门的领导可以裁断。这可以说是熟人之间解决问题的默认机制。

但我们换个场景，如果同样的情况发生在与外部伙伴的合作之时，或许就很难处理。因为我们没有共同的领导，甚至不在一个公司，这个时候就只能靠"软约束"——道德约束，也就是我们常说的"良心"。但坦率地讲，这只对有良心的人有用。如果一个人遇人不淑，在外部找了一个不那么遵守道德的伙伴，那就有可能"被坑"，浪费自己的时间精力，甚至付出更大的代价。

· 合作问题

许多人并没有意识到，当一个人寻找外部伙伴时，这就意味着，他的工作方式发生了改变，从个人工作到群体合作。他要花更多的时间精力在沟通、决策、协调上。我们甚至会发现，解决相同的问题，群体所花费的时间更长。这个时候，我们就不得不考虑，作为群体应该如何合作协调。举例来说，当我们要写一个方案时，如果只有自己一个人，我们可以完全按照自己的想法，提笔就写；但如果有了外部伙伴，就必须和其他人讨论方案的每个问题，做下记录，然后一起制订这个方案。当然，在这个过程中，我们会引入平常不具备的资源和能力，但这一切的前提，是我们要将合作的问题考虑清楚，才能充分发挥外部伙伴的作用。

当我们把文化问题、道德问题与合作问题想清楚后，就可以去真正寻求外部伙伴了。那具体要怎么做呢？下面我们给出基本步骤。

三、寻求外部伙伴的基本步骤

• 用个人品牌整合资源

也许在很多人眼里,只有明星大腕、企业家才需要个人品牌。但事实上,品牌概念完全可以迁移到个人身上。它不是什么高深莫测的事物,它的基础就是我们的个人特征,人们从这些特征来认定我们是不是有他们需要的价值,最后决定是否要成为伙伴。美国著名管理学者彼得斯说过,21世纪的职场生存发展,就是建立个人品牌。如果我们有意识地建立个人品牌,自然会慢慢影响到身边每一个人。

那么,到底要怎么建立个人品牌呢?在职场中,我们要牢记两个关键词:"影响力""标签"。影响力决定了有多少人认识我们,标签决定了我们的个体价值。举例来说,要扩大自己的影响力,那就要想办法让更多人认识我们;不仅要在工作中宣传自己,还要借助其他机会表现自己。例如微信朋友圈这一类社交媒体,或者是公司里的某次活动。同时我们要想到,要给自己贴上什么样的"标签",也就是给其他人留下什么样的印象。这就有点儿像商业广告。不同的是,我们建立个人品牌的成本更低,也更容易。当别人意识到我们的价值，想要寻求合作时，自然会来找我们，实现资源聚合。

• **借具体项目寻求伙伴**

工作本身就是一个寻求外部伙伴的好机会，尤其是在具体的工作项目中，我们会和许多人产生"强链接"。在这个条件下，我们可以和其他人有更多沟通。需要注意的是，也许我们会成为某个项目的主导者，但寻找伙伴是一个双向选择的过程，我们在考察对方的时候，同时也是接受"面试"的人。所以我们要在跟别人合作，尤其是初次合作时，借助具体的项目工作，展现自己的能力，同时挖掘其他人的潜力，去甄别、选取自己需要的外部伙伴。

• **用沟通机制确保合作**

当我们找到自己需要的外部伙伴后，就应该建立一个沟通机制来保证合作顺利。那什么是沟通机制呢？简单来说，它是指一个组织内，人与人沟通交流信息的制度和规则。比如我们常说的"上级服从下级""事事有回音"都属于沟通机制。我们可以把自己和外部合作伙伴想象成一个"小公司"。我们自己是"创始人",其他伙伴是"合伙人",由我们发号施令,大家来合作执行。在这种分工合作的条件下,我们应该明确一些沟通机制。比如,由谁作为这个"小公司"的主导,谁来协调大家,谁负责哪部分任务;如果需要大家一起商量,应该如何进行协商;如果产生矛盾和争论,应该通过什么方式解决;等等。这些都是我们联系外部伙伴时需要考虑的问题。我们始终要牢记,外部伙伴是一种潜在资源,站在产生价值的角度去考虑问题才是正确的。

好了,说到这里,这一节的内容就差不多了。我们说到,外部伙伴是职场中的潜在资源,在寻找外部伙伴之前,我们需要考虑文化问题、道德问题、合作问题等等;在确定寻找伙伴后,我们可以遵循三个步骤,分别是用个人品牌整合资源、借具体项目寻求伙伴、用沟通机制确保合作。

下一节,我们将学习家庭中的沟通。

第四课

沟通是家庭的润滑剂

- 第一节 家不是讲道理的地方
- 第二节 爱人是一生的"合伙人"
- 第三节 有了自己的家庭,和原生家庭该如何相处?

第一节　家不是讲道理的地方

在第三课，我们讲到职场中的沟通技巧，在第四课，我们要开始聊一个完全不同的话题：家庭中的沟通。相信很多人在家庭的沟通中都有过这样的感受，我们明明已经处在一段亲密关系中，身边都是自己爱的人，但是我们依然会感到孤独，感到不被理解。很多时候，我们想说的话，其他的家庭成员并不想听，也听不懂。这是为什么呢？一个重要的原因，是我们没有意识到，自己在家庭中的沟通方式有问题。

一、家庭沟通的常见问题

国内有名的心理治疗师陈海贤曾经提出，家庭中的沟通问题主要有两类。**第一类问题，是以本能和过去的经验沟通。**人们凭借本能的冲动，想当然地认为，我爱我的家人，站在自己的角度，我是为他们好的，那么我说的话对方应该接受。比如有的母亲要求孩子去学钢琴，是这样说的："妈妈让你学钢琴，是为了让你有一技之长，以后你长大了，到大学、到社会里面，就会比别人多一个才艺。"孩子说："妈妈，我不喜欢钢琴，我觉得学钢琴很累。"母亲问："那你喜欢什么？我们可以换个才艺。"孩子回答："我不知道，我也不想学什么艺术。"母亲马上生气了："小孩子懂什么！妈妈让你学你去学就是，以后你会感谢我的！"我们思考一下，会发现类似的沟通模式在家长和孩子之间比较常见。很多人觉得孩子不懂事，对很多事情判断力不足。虽是如此，但是作为家长，在与孩子沟通的时候，其实可以给予更多尊重，有时候换一个角度，孩子或许更能理解父母的苦心。

还有的人，与爱人沟通的时候，喜欢用过去的经验。确切地说，就是自己原生家庭的经验。但这存在一个问题，一个人在原生家庭的沟通经验，是否能无障碍地迁移到新家庭？如果说他的原生家庭比较完整，家庭成员的感情融洽，这种迁移成功的可能性较大。但如果原生家庭本就存在许多问题，那他在沿用过去经验的同时，很可能也会把原有的问题"带"过来。类似的情况在《原生家庭》这本书中有过探讨。有的孩子在家庭暴力的环境下长大，自己也认识到了这种环境的坏处，但等到他们成家立业了，依然会家暴。一个重要原因，就是他们会重复原生家庭的沟通模式。

第二类问题，是单纯以理性和逻辑沟通。有的人可能会有疑问，我讲道理讲逻辑，怎么还有错了呢？其实严格来说不是有错，只是容易引发矛盾。举例来说，妻子感冒了，她对丈夫说："我头疼，身体很不舒服。"丈夫回答："你应该多喝热水，加强代谢，同时吃两片止疼片缓解头痛。"妻子突然气鼓鼓说道："我看你根本就不关心我！"丈夫很莫名其妙，自己明明给出了一个"解决办法"，妻子为什么说他不关心自己呢？

因为沟通，尤其是家人间的沟通，不仅仅是在逻辑上的，也是在心灵和情感上的。家人生活在一起，首先是心灵上的契合，其后才是生活上的互帮互助。可是有的人没有注重这一点，尤其是在和爱人相处一段时间后，激情减退。当人们更多地从理性、逻辑的角度去沟通时，这就少了一些温情，容易引发问题。

那么，我们应该怎么理解家庭中的沟通呢？

二、家庭的沟通基础是亲密关系

我们首先要理解，家庭的沟通基础是亲密关系。它是诸多人际关系中的一种，但又是相对特殊的一种。它指个体在情感或身体上体验到亲近感的人际关系。这种亲近的主观体验可以是情感和认知上的，包括但不限于心意互通、情感流动以及相互的特殊感；也可以是物理和身体上的亲近。当一个人组建家庭，意味着从"我"变成了"我们"，这是两种不同的生活状态。即使是"我们"，也是两个截然不同的个体。两个人需要去理解彼此、经营关系，这才会给人心意相通、心在一起的感觉。现在许多年轻人更愿意选择单身，而不是较早地进入亲密关系，为什么呢？因为在这个过程中，沟通确实有难度。如果一个人需要花很多时间去了解别人，去满足对方的喜好，迁就他的脾气，还有那么多琐事要应付，的确有时会觉得一个人也挺好。

在另一方面，我们也要看到亲密关系对人的发展

作用。在高质量的亲密关系中，人们能够更多地完善自己，提升自我的价值感、归属感，变得更自信。比如有的人，一个人生活的时候没有太多限制，但是在恋爱、结婚之后，不能像之前那样随心所欲了，很多时候需要先为对方考虑，顾及其他的家庭成员、生活的方方面面，这就是忠诚与责任的体现。

家庭中的沟通，其效果很大程度上取决于家庭成员的亲密关系。如果每个人彼此尊重，相互理解，愿意奉献自己，那家庭氛围自然会变得和谐融洽，很多事情甚至不需要沟通。相反，如果家庭中的每个人都坚持己见，不愿为他人去改变、忍让，那即使一点小摩擦，也能在家里引起很大矛盾。

那我们具体应该怎么做呢？

三、构建积极的沟通模式

关键在于找到自己的沟通模式。当我们学会用家人的眼光看待关系，就会发现，家庭成员间的每一个互动、每一句话，背后都有着"爱"的含义。而家庭成员间的关系，也会随着家庭的各种交流、摩擦、碰撞，慢慢形成不同的关系模式。它是由家庭成员相互配合形成的、具有一定默契的相处方式。

对大部分的家庭来说，我们可以把沟通模式做一个简单分类，一类是积极的沟通模式，而另一类则是消极的沟通模式，两种模式各有不同的表现。下面我们介绍几种典型表现，你也可以判断自己的家庭拥有的是怎样一种沟通模式。

在积极的沟通模式中，家庭成员都会直接说出自己的真实想法，分享自己的情绪，营造家庭的和谐氛围。举例来说，妻子要过生日了，丈夫却忙于工作，不小心忘了这件事。妻子本来还想等等看，看丈夫会不会想起来。后来见丈夫没有表示，干脆跟丈夫说："我要过生日了，还缺一个手表，你是不是得表示一下啊？要不我可生气了！"丈夫听了妻子的话，不好意思地笑了，第二天就跑去买好了手表，在生日当天还准备了蛋糕和玫瑰花，带孩子一起吃了个饭，一家人都很高兴。

有话直说，这就是作为妻子的一种智慧。但也有很多人，在家庭中不太愿意直接说想法，而是让别人去"猜"，认为这些事情别人应该会明白。如果对方猜不到，就会感到失望、生气。这就是一种相对消极的沟通模式。

在消极的沟通模式中，家庭成员往往只站在自己的角度考虑问题，抱怨别人，而不愿改变自己。例如有的丈夫工作比较忙，时不时还要应酬，又有很多朋友需要社交，每天晚上很晚才回到家。妻子看不过去了，便和丈夫说："你看看你，老在外面不着家，每天都是一身烟酒气，深夜回来，像什么样子。"丈夫马上不高兴了："我这么累，还不是为了我们这个家！你看我每天都这个样子，也没见你怎么照顾过我啊！"夫妻俩就这样吵了起来。

事实上，他们只要稍微站在对方的角度去考虑，丈夫多想想妻子需要陪伴，交流感情，妻子也多考虑丈夫在职场上、社交上有自己的难处，他们的沟通就会变得更加顺利。

所以说，沟通模式就是一个家相处的基本氛围，它需要每一位家庭成员在日常的生活中有意识地磨合、改进，相互配合，找到一个大家都舒适的办法。

好了，说到这里，这一节的内容就差不多了。我们说到有的人在家庭中喜欢以理性和过去的经验沟通，或者单纯靠理性沟通，这些都很可能引发问题。要理解家庭中的沟通，我们就要意识到，家庭沟通的基础是爱，它对我们既有限制，也有发展，每一个家庭成员，都应该在日常相处中探寻适合的沟通模式，让家庭更加和睦。

下一节，我们将讨论如何与爱人沟通。

第二节 爱人是一生的"合伙人"

在第一节中,我们谈到了家庭间的沟通模式,这一节我们谈谈如何与爱人相处。如果你曾经进入一段亲密关系,应该多少会有这样的感觉:爱人跟我想象中的不一样。因为在两个人相处之前,人们总会把对方看作自己的"理想情人",对方的优点会被夸大,缺点会被无视,所以许多人在进入亲密关系后,难免会有一种落差感,以致产生矛盾,影响爱人间的关系。那么,我们到底应该如何理解与爱人的关系?如何与另一半沟通呢?

一、合伙人:既有共同目标,也有各自的差异

如果要把我们和爱人的关系下一个定义,比较确切的说法应该是人生"合伙人"。就像两个人合作开

一家公司。他们的目标是一致的，那就是把公司做大做强。但是在经营公司的过程中，由于每个人背景不同，成长的环境不一样，认知也存在很大差异，面对同一个问题，两个人会采取截然不同的方式去处理，这就可能造成一定的分歧。在多数情况下，这些分歧无伤大雅，经过合伙人的配合，都能顺利地解决掉。但在少数情况下，差异和分歧也会让人们心生嫌隙，相互怀疑，甚至彼此否定。

在这种情况下，爱人间的沟通就显得尤为重要。毕竟两个人的目标是一致的，爱人之间需要的，就是在相处的过程中彼此支持、理解、谦让，最终实现求同存异。

二、正确认知差异，寻找共同点

亲密关系的诸多矛盾，都源于两人间的差异。因此我们与爱人沟通的第一步，就是正确认知差异。曾经有一位妻子，她找到心理咨询师请教："我们结婚不久，但是双方都暴露了很多问题，不知道怎么办才好。"咨询师问她："你们都有些什么问题呢？"妻子回答:"我们性格不合。他喜欢社交,我比较沉默寡言;他比较马大哈,我就比较小心谨慎。我们结婚后,他总觉得生活受到约束、没有自由,我总觉得很累,总是要为他操心,现在要怎么办呢?我们是不是不适合结婚啊?"咨询师又问:"那你还记得,你们当初为什么彼此喜欢的吗?"这位妻子似乎陷入了回忆,有点儿不好意思地说:"我喜欢他阳光开朗,充满活力;他喜欢我温柔体贴,会照顾人。"咨询师笑了:"你现在提出的缺点,不正是当初你们互相喜欢的优点吗?阳光开朗的人,当然会有许多朋友;温柔体贴的人,自然会去管理生活。"

许多人都喜欢把爱人间的矛盾归因于差异,性格不合,兴趣爱好不同,家庭环境不同,但很多时候,差异反而是两个人互相吸引的地方。因为人们择偶的时候会更倾向于去选择那些跟自己不一样,能够互补的对象。当两个人在一起后,爱人之间也能够形成互补的分工关系。

后来两个人之所以出现许多矛盾,其实不是差异造成的,而是两个人的认知变了。有的人会把差异视作对方在限制自己。例如丈夫为了工作能更好一点儿想要脱产去考一个研究生学历,妻子对丈夫说:"你要考虑好了，你去念书，经济压力可都在我头上了，回来以后可能还找不到工作！"丈夫听了很生气："你是不是担心我学历高了，有更好的发展机会就会离开你？"可以看到，其实妻子的担心很现实，很有道理；可是丈夫却把妻子的话看作是对自身发展的限制。

我们在生活中，碰到这种差异的时候，比较好的沟通方法，就是寻找一个共同点，试着提出一个两人都能接受的办法。比如前面这个例子，丈夫要去考学，妻子担心经济压力，两个人可以平衡一下，让丈夫读个在职研究生，一边工作一边深造，妻子提供支持，这也是一个兼顾双方的解决办法。

三、放下执念，改变自我

许多人在爱情中都有一个想法：寻找"理想情人"。如果他们发现，对方并不是自己理想中的伴侣，他们就会感到焦虑和失落，就会涌出一股冲动，将对方"改变"成自己想要的样子。

这种执念源于我们每个人对爱情的向往，这是感情最美好的样子。但是当一个人强烈地想要改变爱人时，也在无形中传达一个信息：你还不是我理想的伴侣。这意味着不接受、不认可，同样会引起爱人间的矛盾。

比如有的女孩喜欢户外登山，她要求每次自己去登山，男友也必须跟着。可实际上，男友只是个喜欢打游戏的宅男，不那么喜欢户外运动，两人经常为此争吵。女孩抱怨："你一个这么大的男人，老窝在家里打游戏干吗，一点儿男子气概都没有，不如跟着我去爬山运动。我看你都不想陪我，是不是不爱我了？"男友也表示很无辜："你叫我去爬山，就是想在自己玩的时候有我陪着。我玩游戏的时候，也没见你陪着我啊！为什么每次都拉上我，还要搞'爱情绑架'，说我不爱你了？"

根据这对情侣的争吵，我们能看出来，他们不是不爱对方，只是在自己心里，总有那么一个"理想情人"的影子，他们希望对方能为自己做出一些改变，或者确切地说，他们在改变自己的爱人时，内心有一个更深的疑问，我的爱人会不会为了我而改变他自己？是我的想法重要，还是他自己的想法重要？

这个问题不好回答，毕竟每个人的爱情观念不同。但可以确定的是，如果我们真的想改变自己的爱人，那么首先应该改变自己。它包含两个层次：一个层次是从自身出发，用合理的方式满足自己，而不是要求爱人。比如那个喜欢登山的女孩，完全可以和其他喜欢登山的朋友联系，没必要每次都拉着不擅运动的男友。

另一个层次，是主动为对方改变，带动对方跟自己一起改变。比如有的丈夫觉得妻子做的饭菜不好吃，想让她认真对待，那就应该对妻子说："老婆，我觉得我们家做菜的水平需要提高，从今天起，我给你打下手，你专心突破厨艺，我们一起努力！"通过这种改变自我的方式，更容易实现爱人之间共同改变、共同进步的想法。

四、尊重边界，平等相待

人和人沟通时，内心都有一个"边界"，如果对方"越界"，说了一些超出两人关系的话，就会让人感觉被冒犯，甚至进行反击。但是在亲密关系中，有的人却会认为：爱人之间是没有边界的，我愿意共享自己的所有秘密，也能接受对方的沟通方式，作为回应，我也希望对方这样对我。

但事实上，即使是爱人，有时候也需要区分彼此，尊重对方的边界。比如有一对情侣，女孩兴致勃勃买了一条新裙子，问男朋友好不好看，男友却回答："不怎么样，为什么不买我让你买的那条？你总是这样，不听我的话。"女孩无奈回答："亲爱的，我的穿着打扮有自己的风格，不能总是依着你的喜好。"可男孩还是责怪地说："你是我的女朋友，女为悦己者容，你当然该穿我喜欢的啊。"这其实就是侵犯了爱人的边界。

心理边界是每个人内心区分"自我"与"外界"的防御机制，这意味着一个人的独立人格。如果两性中的一方越界了，将可能让对方内心不安，造成反感。即使在爱人之间，也同样需要边界，需要空间，需要精神世界的一块"自留地"。

爱人之间，所谓的"边界"其实并不多。作为爱人，我们完全可以记住，哪些事情在对方面前不能提起。比如，爱人之前的情感经历，他的原生家庭，或是哪一段人生低谷。这些都可能隐含人生的挫折与伤痛。与其在沟通中去勾起那些不好的回忆，去揭伤疤，不如给对方多一点儿空间，告诉对方："我爱你，但我不需要了解你的所有。如果你想说什么，需要我的时候，我们随时可以沟通。"在爱情中，保持尊重和开明的心态，也能给予自己更多的空间、更平等的权利。

在这里，我们介绍两个爱人之间沟通的小技巧，让沟通更加顺畅。

第一个方法，适当说"不"。人的边界，通常是通过拒绝来标识的。我们拒绝的方式可以委婉，也可以直接，最重要的是得坚决，不要半推半就。比如让对方意识到，这是我们的私人空间。也许有人会担心，拒绝会让两个人出现矛盾冲突。实际上，在亲密关系中，只要拒绝是合理的，矛盾、冲突也有积极的意义。可如果我们不懂得拒绝，就容易让问题越积越多，最后爆发。

第二个方法，确认感受。既要确认爱人的感受，也要确认自己的感受。因为爱人之间，情绪和感受经常会连在一起，相互影响。我们有权利产生任何感受，但也需要为此承担责任。如果自己产生了不舒服的感受，或是我们让对方难受了，不要逃避，而应该去关心理解这些感受，从而调整情绪。比如我们某一次，不小心侵犯了对方的边界，两个人都不说话了，这时候就应该主动确认，告诉对方："让你不高兴了，我感到很内疚，但是我不知道你会这么难过，能跟我说说吗？不跟我说也可以，我以后一定会注意。"像这种确认感受的过程，其实就是保护彼此边界的过程。

好了，说到这里，这一节就基本结束了。这一节我们说到，爱人间的关系，可以定义为人生的"合伙人"，爱人之间既有共同的目标，也有各自的差异。基于这样的关系，我们想要更顺畅地与爱人沟通，需要牢记三个步骤：正确认知差异；从中找到共同点、放下执念；同时尊重彼此边界，塑造平等相待的沟通关系。

下一节，我们聊聊如何对待原生家庭。

第三节　有了自己的家庭，和原生家庭该如何相处？

在第二节中，我们讲到如何与爱人沟通，这一节我们要说一个令许多人头疼的问题：在有了自己的家庭后，与原生家庭如何相处。每个人都有自己的原生家庭，大部分人也会组成自己的家庭，在这个过程中会产生许多问题，比较典型的有彩礼问题、养育孩子的问题、养老问题等等。有道是"清官难断家务事"，如何在"大家庭"中，维护小家庭的边界；当矛盾发生时，要如何沟通……都是我们需要认真思考、小心处理的事项。那么我们应该怎么做呢？

一、原生家庭对我们的影响

很多人在组建家庭时，都发过这样的"宏愿"：

不想活成父母的样子，要走自己的路。但等过一段时间以后却会发现，与爱人的沟通模式，不知不觉就走到父母的老路上去了。夫妻间的分工，管理孩子的办法，甚至吵架的原因，都和父母差不多。其实夫妻间很多问题也源于此，许多人不想被原生家庭影响太多，但不可避免地，父母身上的故事或多或少在自己身上重演。这是为什么呢？一般来说有两种情况。

第一种情况，是继承父母对家庭的态度。心理学家阿德勒有一句名言："幸运的人用童年治愈一生，不幸的人用一生治愈童年。"那些成长于父母关系较好的家庭的孩子，对自己组建的家庭往往也会充满信心，带着很积极的心态与家庭成员沟通。因为他的内心对家庭是信任、依赖的，把家庭放在内心很重要的位置，愿意为家庭付出。

反过来说，如果一个家庭矛盾重重，孩子生活在一个充满怀疑、不安的环境中，那么他长大以后，也会本能地对家庭关系抱有疑虑，并不认为家庭能给自己带来想要的生活，也不会轻易投入到亲密关系中。在这种情况下，人们会对家庭关系缺乏安全感，情感表现上会有些淡漠。即使是爱人和孩子，主动地想和他沟通亲近，他也会不由自主地逃开。因为年幼时的经验告诉他：即使沟通再多，最终还是可能受到伤害。这种磨刻在心上的对家庭关系反映出的悲观是很难磨灭的。

第二种情况，是模仿原生家庭的沟通模式。 把自己父母原来的沟通方式，带到新家庭。举个例子，一个女孩成长在一个女强男弱的家庭，母亲善于赚钱，母亲的收入是家里主要的经济来源，家里有什么决定，大多是母亲说了算，有时候母亲也会嫌弃父亲。而父亲呢，很多时候只能沉默面对，在家庭中扮演一个"受气"的角色。尽管他会和母亲争吵，但还是把更多的时间用来保障母女俩的生活。那么这个女孩长大后，也很可能不自觉地模仿母亲，在和异性的沟通中变得强势。在组建家庭以后，变成那个"做主"的角色。

我们在这分析的，只是作为夫妻中的一方。家庭沟通模式的形成也与对方的原生家庭有关，两个人都有自己的原生家庭。这就很容易有碰撞和摩擦。所以在家庭的沟通中，我们要尽量避免原生家庭中的问题。

二、避免成为原生家庭的代表

对于一个家庭的发展,我们其实可以找到一条重要的心理线索,那就是人的忠诚。在一个人的幼年和青少年阶段,他的忠诚属性大多展现在自己的原生家庭中。这时候人往往会听从父母,把他们的意见作为生活的主要指导。但是当人们步入中年,开始组建自己的家庭,有了自己的爱人和孩子,他忠诚中的大部分会从原生家庭慢慢转移到自己组建的"新家庭"。我们的生活也在这个转移过程中不断地变换重心。

如果这个过程很顺利,人们会形成既有重心又有边界的新家庭关系。反过来看,如果有的人因为各种各样的原因,仍然把许多时间和精力放在原生家庭上,就很容易和新家庭造成矛盾。

其中一个典型的例子,就是在结婚时沟通彩礼。比如一对情侣,现在已经到了谈婚论嫁的地步。这时女孩对男孩说:"我家里人说,结了婚以后,我就是你们家的人了,他们养育我这么多年不容易,想要20万作为补偿,这不过分吧?"

于是男孩也和家里商量,能不能出这20万彩礼。男方父母给出的意见:"20万太多了,能不能少一点儿，10万元？"谁知女孩父母听了很生气，自己辛苦养育女儿多年，亲家却连20万彩礼都不愿给，显然是没有诚意，一对情侣因此闹得不欢而散。

我们可以想一想，如果是自己遇到类似的事情，会怎样去沟通？对于彩礼本身的意义，每个人的理解不同，我们不用强求。但这有一个基本问题，彩礼本来是属于"新家庭"的，而不是从一方的原生家庭转移到另一方的原生家庭，所以在沟通时应该以两个新人的婚姻生活为主导，而不是代表各自的原生家庭讨价还价。如果在一段婚姻中，每个人都代表原生家庭发声，那就很难形成有效沟通。正确的沟通方式应该是两个人目标一致，都代表"新家庭"去和自己的原生家庭沟通，这样才会取得利于双方的结果。

三、改变和父母之间的关系

原生家庭对人的影响是潜移默化且根深蒂固的。我们要减少原生家庭的影响，就需要改变和父母之间的关系。我们可以把这理解成一个追根溯源的方法。

例如有这样一位妻子，学历较高，家庭收入也不错,但是对于家庭总有一种特别的焦虑,认为丈夫不够上进,孩子也不努力,经常性地给丈夫孩子"打鸡血",弄得一家人疲惫不堪。为什么她会这样焦虑呢?问题就来自她的原生家庭。她的父亲学习成绩非常好,但由于家里经济困难,没有完成大学梦。于是这种期待被转移到女儿身上,从小父亲对她要求非常严格,而且实行"打击式"教育。父亲经常会说"这么简单的事情都做不到""我的女儿怎么这么笨",诸如此类的话。对这位妻子来说,理智上她无法认同父亲的沟通方式,但潜意识中她还是会渴望得到父亲的认同,并在父亲带给她的压迫感中焦虑地努力着。等到她成立自己的家庭时,父亲的教育方式和那种紧张感已经在她的潜意识中根深蒂固,使她在面对自己的家庭时也无法放松下来,又不自觉地拿出父亲的教育方式,通过不断督促自己的家人来消除内心的焦虑。

这只是原生家庭对后代家庭关系中的一种影响。总的来说,原生家庭对后代心理层面的影响主要有两方面原因,一方面是基因上的传承,比如父母的脾气很急躁,孩子的性格也比较容易暴躁。另一种则是父母自身素质和家庭氛围的潜移默化,包括行为习惯、思想观念等等。如果父母看问题非常细致，对孩子的教育很严苛，那么孩子对自己的后代往往也会变得严苛。

我们也可以想一下，自己有哪些沟通方式是从父母那"继承"来的。一般来说，这些情况就像生活中的"火花"，时不时会迸发出来。然后我们可以回忆一下，当年自己是如何与父母沟通，又是如何应对的。这个回忆可能有一些令人不愉快、痛苦的经历，但这是一个必要的省察过程。最后，我们需要假设，如果当时的情境现在发生，自己会怎样去应对父母。

显然，这个结果和当年是完全不一样的。因为我们曾经是原生家庭的一员，对父母属于从属的关系，但现在我们独立了，有自己的家庭和立场，那么沟通的结果也会截然不同。这样的转变过程也是在提醒我们：因为家庭关系的变化，应该去审视那些父母曾经给予我们的影响，然后选择应该留下哪些，放下哪些。在这个过程中，我们对父母的态度、行动会自然而然发生改变。

四、如何理解子女的"背叛"？

我们之前说到子女都要经历一个"忠诚转移"的过程，这就不可避免会给父母带来"背叛"的感觉。而且这种转移，往往有一个很复杂、艰难的阶段，在亲子之间很容易引发矛盾。

我们举个例子，一对夫妻经营一家公司，不算大富大贵，但日子也算红火。他们有一个女儿在上大学，选的也是经济类专业，一家人都等着她学成归来，继承家里的生意。谁知临近毕业了，女儿突然带了个学设计的男友回家，已经有了不错的感情基础。父母觉得有些意外，但也接受了这个男生，建议他和女儿一起到公司上班。谁知男友坚持要到大城市工作，这样会有更大的发展空间。于是女孩的父母很不理解，夫妻俩已经做出了让步，对方却还要得寸进尺，于是要求女儿和男友分手，女孩儿陷入了纠结。女孩纠结的是如何"选择"，究竟是选择自己的新家庭、新生活，还是选择自己的原生家庭，维护父母的感受。

然而这个问题，本质上在于"沟通"，而不是"选择"。其实追求新生活和照顾父母的感受两者并不矛盾。女孩当然可以凭着独立意志，选择自己的生活，但这并不意味着她就脱离了原生家庭，她选择跟男友去大城市工作，依然可以关心父母，有时间就回去看望、陪伴父母。这里面真正的问题是女孩与父母之间存在观念冲突，而前期双方又缺乏沟通。女儿没有提前告知父母自己的恋爱情况，而是突然将人带回来，使得父母缺少缓冲的时间，只得勉强接受突发情况；而父母这一方也没有及时跟进女儿的想法，想当然地为她计划了毕业后的安排，没有充分考虑女儿的意愿。

明白了这一点，我们也就知道在冲突发生后，女孩在和父母进行沟通时，应该持有一种温柔但坚决的态度，尽量维护他们的感受，照顾他们的感情；但同时也要坚持自己的想法，走好自己的路。因为父母之所以觉得孩子"背叛"，出发点是怕孩子做错选择。所以当他们看见孩子独立了、懂事了，过得越来越好，很多沟通上的问题也就迎刃而解了。

好了，说到这里，我们这一节的内容也差不多了。我们说到原生家庭会影响子女对家庭的态度和沟通方式，这可能会引发新家庭的矛盾。因此在自己的家庭中，我们要避免成为原生家庭的代言人，改变同父母的关系，并理解子女对父母的"背叛"。

以上是第四课的全部内容，从下一课开始，我们说说在沟通中如何进行不同方式的表达。

———————————— 第五课

如何驾驭不同的表达形式?

- 第一节 语言是最直接的形式
- 第二节 如何让书面表达规范高效?
- 第三节 怎样发挥身体语言的魔力?

第一节　语言是最直接的形式

在生活中，人们选择表达形式是很自然而然的事情，在看到人时挥手打招呼，在开会时用笔做记录。但很多人没有仔细思考过，不同的表达形式所产生的表达效果之间的区别。

例如我们在职场工作中，很多人需要用到 PPT，但不是每个人都想过为什么要用 PPT，而不是直接用书面文字表达，那不是更准确吗？又或者，脱口秀为什么一定要讲出来，而不能在纸上写出来呢？

这些都属于表达形式的问题，其中同样有可以掌握的技巧。

一、语言表达概述

语言是人类使用最广泛，也最古老的表达形式。

《圣经》中曾经有这样一个故事，在最早的时候，世界上所有人使用的都是同一种语言。

那时候的人沟通起来很方便，他们商量着："来吧，我们要做砖。"说着他们就拿砖当石头，又拿石漆当灰泥。他们商量着："来吧，我们要建造一座城和一座塔，塔顶通天，为要传扬我们的名，免得我们分散在全地上。"这一举动惊动了上帝，他担心人们齐心协力，便能撼动神的权威，于是他大手一挥，变乱了所有人的语言，让他们无法顺利沟通，人们只得停了下来。后世把那座城叫作"巴别"，所谓"巴别"是"变乱"的意思。

传说未必为真，但是这个故事说明一个道理：无论语言给我们带来多少问题，它依然是沟通最重要的工具。如果没有语言，人类的沟通、合作、感情交往都会受到极大影响。

那么语言到底是如何影响人的沟通的呢？我们可以从两个角度来理解。

第一个是它的符号特征。 自然界充满各种各样的信号：草丛抖动，说明背后有动物；动物惨叫，说明它感到痛苦。人类的语言也是如此，其背后有着比自然界更复杂的符号含义。比如一个人举起5根手指，这可以表示数字5；竖起大拇指，通常是表达"很好"的意思。这是作为人类共享的一套符号系统，可以在很大程度上提高沟通效率。

但是很多时候，语言的意义也是不准确的。举个例子，我们走进一家理发店，告诉理发师："请帮我剪短一点儿。"他心领神会地点点头。然后我们会惊讶地发现：理发师理解的"一点儿"，是我们理解的"很多"。我们的头发被剪到短得可怜。

美国学者爱德华·霍尔曾提出了一个"语境理论"，即语言的真正意义，很大程度上取决于使用情境。

比如我们刚才说的"一点儿"，就很依赖语境信息，理发师需要充分考虑顾客讲这个话的情况：顾客本身的发型、发量、职业场景等等，然后才能推论出这个"一点儿"的意义。但如果顾客换个说法："请帮我把头发剪短1厘米。"这就属于低语境支撑。因为这样的表达不需要听众结合情境，一听就懂。我们自己表达的时候，如果想要把话说得更清楚，也可以减少使用这种依靠语境的表达，直接准确地表达自己的意思。

第二个则是语言的文化性。不同文化的语言不同，即使同样的词语，在使用习惯上也大相径庭。我们举个例子，日本的保险公司经常会提醒他们的客户，在日本以外的地方发生事故要避免说"抱歉"或"对不起"。为什么呢？因为在日本的文化背景中，道歉是一种表达善意、维护群体和谐的沟通方法，即使他跟你说"对不起"，也并不代表他真的有错，很多时候只是觉得不应该给别人添麻烦。但如果离开了日本，道歉就会让其他人觉得，这个人有主观上的错误，从而被动地为一些事故负责。

另外，有时语言在不同的文化群体中也有很大差别。许多父母跟孩子沟通起来会觉得很费劲，觉得孩子嘴里总是出现一些"新词"，自己跟不上。比如给力、纠结、躺平等网络用语，又比如中二、傲娇、颜值等二次元词汇。

这些问题的出现其实很正常，其背后反映出的就是两代人不同的思想观念和生活方式。毕竟在主流的生活群体之外，还有许多亚文化群体，他们有许多拥有共同爱好的小圈子，这些都是不同文化之间的沟通差异。想要完全消除这些差异很难，但是我们可以从以下几个角度，去提高自己的语言表达能力。

二、语言表达技巧

• **自信、乐观是基础**

很多人害怕与人讲话,尤其是在很多人面前说话。有的人是怕自己说不好,有的人是害怕自己会受到反对。但总结起来无非是因为有恐惧心理,不敢表达自己的想法。

对于这类问题,沟通大师卡耐基曾经说过一个有趣的方法:"如果你害怕说话,你就假设听众都欠你的钱,正苦苦哀求你多宽限几天,而你就是神气的债主,根本不用畏惧他们。"

总之就是,不管我们想说什么,想用什么说话技巧,都必须使自己相信:我要说的话很有价值,如果对方听了我说的话,一定会受用无穷。一旦我们的语言表达中有了这种激情,那即使是很短的谈话,对方也能感受到我们内心的力量。

当然,自信不是无缘无故的,而是来自充分的准备。我们需要对话题、对自己的观点足够熟悉,我们能讲一些真实的想法和亲身体验,或者引用某些现实数据,以此应对对方的提问,同时我们也会避开自己的知识盲点，不去想那些令自己分心的事，等等。我们还需要进行充分的自我暗示，鼓励自己在说话时表现得更出色。

• 用提问增加对方的参与感

有时候，我们觉得自己说出一个很精彩的观点，或者很有用的建议，却并没有得到诸如"你说得太对了！""你说得太有用了！"的反馈。这是因为在我们表达的时候，对方并没有参与进来。

当我们和别人沟通时，直接说什么观点，或提出一些建议，对方心里经常会想："你怎么会知道真实情况呢？你也就是随口说说吧。"这种情况下，对方并不会觉得我们说的有多么对，潜台词：我不会马上接受。

因此，我们需要用提问的方式，引导对方思考，让对方觉得，不是我们在向他灌输某些观点，而是他自己一步一步想出来的，这样才能让对方真正认同我们。

为了达到这个目标，我们可以从不同角度去启发对方的思考。一般来说，我们可以从以下几个角度去启发别人：你的目标是什么？有什么明确指标？你的现状如何？你为目标付出了什么努力？你认为自己和目标还有哪些差距？可以在哪些方面改进？等等。当我们认真去启发对方时，你会发现，他自己是真的能够得出答案的。

具体来说，我们首先应该与对方共情。例如有个同事抱怨："我太伤心了，又被经理给教训了。"这时对方处在心情低落的状态，我们应该去安慰，帮他分担一些负面情绪。同样的，如果对方情绪很高昂，我们可以去鼓励肯定，分享快乐。

其次，我们应该抓住痛点，聚焦对方面临的问题。比如在刚才那个例子中，我们安慰同事，等到他的情绪平复后，接着询问："经理为什么要说你呢？"这个时候，对方也会随着我们的提问，去回想自己的经历，跟我们一起思考分析。

最后，我们再提出自己的观点。虽说这是我们自己的观点，但由于经历了一个共情、思考的过程，双方已经在情感和思维上达成一致，接下来无论我们提出何种观点，对方都会更容易接受。

- **避免误解同样重要**

前面的内容我们提到，许多语言本身会造成歧义。比如我们和领导开会，会后领导交代："把会议的内容整理一份，尽快交给我。"结果当我们第二天早上把会议记录给领导的时候，领导反问道："怎么用了这么久，我昨天晚上就想用这份材料。"

问题是，领导并没有明确说晚上要这份材料，这样的错误问题应该归咎于谁呢？实际上是语言表达的问题。

为了避免这些情况，我们在语言表达的时候应该尽量说得更明确一些。尤其在职场中，少用"可能""好像""大概"那样的表达，多用明确的时间、地点、人物、动作和数量。

还有一种误解需要避免，属于文化方面的。比如我们对某些群体的刻板印象：程序员总是很呆板，体制内总是很保守，私企内总是很精明，女性比较多愁善感，男性都比较大大咧咧，等等。

不管这些刻板印象是正面的还是负面的，都存在一个重要问题——过分强调共性，忽略了个体的特性，而这对我们的沟通会造成很大障碍，让对方觉得没有得到足够的尊重。对这些容易产生误解的表达，我们应该注意规避。

这节我们讲到语言表达的两个特征——符号性与文化性，然后我们讲到了语言表达的三个技巧：养成乐观、自信的心态，用提问增加对方的参与感，避免语意不清和刻板印象带来的误解。

下一节，我们将介绍书面表达的技巧。

第二节　如何让书面表达规范高效?

在第一节中,我们说到语言表达的特征和技巧,这一节,我们来讨论一下书面表达。

往远了说,古人知识和智慧的传承,大多靠的是书文记载;往近了说,我们生活中写报告、签合同、发邮件等等,这些正式的沟通,都属于书面表达。书面表达在众多表达形式中具有不可替代性。这一节,我们就来讨论书面表达的特征和技巧。

一、书面表达的不可替代性

要理解书面表达的不可替代性,首先要理解,它相比于一般口语表达的几个特点。

- **思想性**

我们平常说话，很多时候是非常轻松、简明，没有一定主题的。但如果拿起笔写字，就往往无法"信马由缰"了，书面表达常常有一个明确的主题，有相应的选材、立意，以及大致的内容。而写作的人，也会按照自己的思想标准去安排文章的风格、形式、技巧等要素。文章背后，往往体现的是一个人的思想。

我们常说"文如其人"，如果一个人思维清晰，思考深入，那么他所写的文章往往也是简单易懂、观点深刻的；相反，如果一个人平常做事就不甚靠谱、优柔寡断，对很多事物一知半解，那写出来的东西多半也结构残缺、拖沓重复，令人不知所云。

因此在很多时候，书面表达是判断一个人思维能力的直观工具。一个人可以通过死记硬背掌握许多语言表达的套路，在简短的口语表述中还像那么回事，一旦落实到纸面上，便显现出真实水平了。古人也会感叹"文以载道"，即文章是用来传播圣贤之道的，可见书面表达有多重要。

- **单向性**

绝大部分书面表达，都是单纯地由作者面向读者，单方面进行信息输出的。这也就决定了比起口语交谈，书面表达的互动性较弱。作为作者，短时间内只有一次向读者输出的机会，而作为读者，也只能选择被动地接受或不接受，难以及时反驳。只有极少数的书面表达，比如信件、电报等，可以实现简短的沟通，但这种沟通的内容受到了篇幅的限制。

在进行书面表达的时候，作者经常需要反复地思考、琢磨，最大限度地表达自己心中所想，论证观点，避免产生歧义。所以我们经常会看到，作家为了更好地表达自己，会对文字反复增删、修改。

关于这一点，有许多很出名的例子，比如海明威的经典作品《老人与海》，它全篇只有2万多字，但其实这本书的初稿有十几万字，只是海明威在修改过程中，几易其稿，这才把小说压缩到短短的2万字。对此，海明威还有句名言：一切文章的初稿都是臭狗屎。话糙理不糙，我们从这里也可以看出，对书面这种单向的表达形式，很多作者都持谨慎、认真的态度。

- **规范性**

书面表达材料，经常会被用于正式的场合。像我们写证明、签合同等等,到最后都要诉诸纸面。这就要求我们的书面表达必须规范。一方面是格式上的规范。我们常说的报告、证明、各类公文等书面材料,都会有相对明确的格式,一般情况下要按格式书写,不能随意创作。另一方面是内容上的规范。我们的遣词造句要符合一定的文法、句法。

比如一个句子有"主谓宾",我们必须把这三个要素凑齐,不能少了任何一个。又比如一些生僻字、网络用词,这些不规范的表达,也不能轻易写到书面上,这就要求我们必须遵守那些书面规则。

二、提高书面表达技巧,帮你写出严谨高质量的文章

• 结构化思维

"结构化思维"源自著名的"金字塔原理",简而言之,就是聚焦事物的不同维度所形成的系统思考方法。

举例来说,人们在面对形形色色的问题时,更多时候是对熟悉的话题才有话说,乐于分享观点,就

像医生谈健康、"码农"聊IT技术,对自己不太了解的话题,人们更倾向于"知之为知之,不知为不知",这也是我们人际交往中的一种美德。

但从结构化思维来看,解决问题不仅靠专业度,即一个人对细节的了解,也要看"结构",即对宏观框架的掌握。其实针对这种思维,我们小时候也有过类似的学习。例如讲写作的时候,老师会告诉我们,写记叙文,一般是从"时间、地点、人物、事件"这四个维度来写;写议论文,一般写论点、论据、论证方法。按照类似的逻辑,这种结构可以继续细分,比如"时间"可以分为"事前""事中""事后","论据"可以分为"直接论据""间接论据"。

这样一来,我们会发现,许多看似高深的书面表达,其实都可被拆解出充满细节的骨架,从而为我们行文提供许多表达思路。

我们自己要写的文章,经常有我们自己的选题、立意、观点和素材等等,很多人习惯于"借鉴"他人的文章,但许多写作,尤其是职场中的写作,展现差异化才能让自己的文章在众多同类内容中脱颖而出。所以相对合理的做法,并不是借鉴他人内容来"洗稿",而是建立属于自己的一套文章框架。

具体来说，一方面是进行拆解。在看到各种不同类型的优秀文章时，运用结构化思维，从核心观点出发，将分论点、素材进行编排对应。这样就可以得到一个相对完整的框架。

另一方面则是改进。针对我们得到的框架，按照实际需求进行完善。例如有的文章偏重分析，我们更需要解决办法，那就可以适当调整结构框架，让其符合不同的应用场景。在动笔时，再根据框架纳入文字素材，一篇文章自然水到渠成。

当然，形成结构框架只是书面表达的基础，对写作来说，还有许多技巧。下面我们从结构化思维的角度，介绍两个技巧，用于完善书面表达。

• 多级标题法

这个技巧我们应该比较熟悉。我们在看书时，注意到许多书都有目录，里面是书籍的章节；在不同章节内，还会看到许多小标题，用来提示这部分的内容。我们写文章也可以借鉴这种方法，用不同层级的标题展示文章的整体结构，引领读者的思路，帮助他们进行理解。

需要注意的是，标题不是"打哑谜"。我们不要像很多小说那样,简单写两个字就算一级标题了,毕竟结构化的文章和小说不同;小说也许要留下悬念,但结构化思维则是为了让别人看得懂,听得明白。

因此,通过结构化思维得出的标题,应该像我们前面说到的"核心观点"一样,充分概括这部分文章的内容。一般来说,我们设置标题要符合"SAP"原则,即简单(simple)、精确(accurate),而且有利益(profit)。

例如下面这个标题,物价上涨,导致生活水平下降。看起来很简单,而且与读者的切身利益有关,但却不够精确。什么物品价格上涨,对生活水平有多大影响呢?这时候我们可以稍微改一下,让标题更加精确,比如:猪肉价格上涨,导致许多家庭桌上的肉菜消失。如此形容就更形象生动。这样写小标题,可以让读者觉得,看我们的文章,好似读一篇篇吸引人的"小文章"。小文章合起来,最后论证一个大观点,阅读的系统感会更强。

我们自己也可以通过不同的标题,检查整个文章的体系是否完整,逻辑是否形成闭环,观点是否站得住脚,等等。

· **衔接法**

衔接法指的是加强文字间的过渡，从而连接文章的不同部分。一般来说，我们写文章，各个部分有一定的逻辑关联，但内容往往相互独立。这就需要我们在不同部分间制造一个"过渡"，引导读者的思路，并且提示他们：我们要离开这个部分，进入另一个章节了。

这就好比影视剧的一个拍摄手法——"转场"。它会在人物对白或是场景的"空隙"，告诉观众主人公下面要到哪个地方去，处理某件事情。有时是一个画面，有时是一句话、一段字幕。观众看了以后就不会觉得内容转换太过突兀。

那么，要在文章中加强衔接，具体应该怎么做呢？最常用的技巧是小结和启示。所谓小结，就是把前一部分文章的内容做总结，为读者梳理思路；而启示呢，就是按照章节之间的逻辑结构，引出下一部分要说的内容。

比如我们现在写文章向客户介绍一款产品，那么在介绍结束时，就可以"小结"一下，把产品的特点写出来：质量好、设计时尚、便携好用等等。然后再启示一下："这么好的商品，其实我们卖得并不贵。"

引出读者的悬念,接下来就可以继续介绍产品的成本、价格、利润等内容,并引导消费者购买。

通过小结,我们可以很好地为读者做总结,增强他们对文章的记忆与获得感;通过启示,可以引起读者阅读下一部分的兴趣。如果能把这两种过渡的方法用好,读者甚至感觉不到内容和主题的变化,在不知不觉间,就把文章读完了,这就属于相对高级的表达。

说到这里,我们这节的内容就差不多了。这一节我们讲到,书面表达的特点,以及用结构化思维提高书面表达的技巧。

下一节我们将讨论"怎样发挥肢体语言的魔力"。

第三节　怎样发挥身体语言的魔力？

在上一节,我们讲了书面表达的特征和技巧,这节我们聊聊"身体语言"。身体会"说话"吗？答案是肯定的。就在此时此刻,我们可以看看,自己的身体在"表达"什么。有的人是弓着背,低着头,靠在椅子上看；也有人跷着二郎腿,一直抖个不停……这当中每个动作都有沟通意义。

如果我们能在与人相处的过程中,足够敏感、认真,巧妙地识别这些"信号",就能准确获知对方的情绪和心理状态；如果能因地制宜,控制身体主动发出一些"语言信号",则可以在无形之中给对方带来影响,产生意想不到的沟通效果。

一、如何理解身体语言？

• 微表情如何"泄露"情绪？

微表情是指人在瞬间闪现的面部表情。人的脸部有 40 多块肌肉，是人体肌肉构造最"精密"的部分之一，其中的大部分肌肉，如果没有经过特别的训练是无法被控制的。我们完全可以通过表情，去分析对方当前的情绪。俗话说"出门看天色，进门看脸色"，这充分说明了辨识微表情的重要性。

具体来说，我们需要熟悉几种典型、常用的表情。美国的微表情大师保罗·埃克曼讲过，人类有六种通用的表情和情绪，分别是惊讶、厌恶、愤怒、恐惧、悲伤和愉悦。

比如人愉悦的时候会笑，反映在脸上则是嘴巴微张，眼睛微闭，两边脸的苹果肌上扬。但是有时候人笑起来却是抿紧嘴唇，眼睑张开，这是对面部表情抑制的表现，说明这个笑容不一定是真开心，而是"伪造"出来的。

像我们看视频，很多名人明星在接受访谈时，虽然他礼貌性地回应采访者，但如果我们看见，他在笑的时候，或者不说话的时候都抿着嘴，这可能说明，他不是很想聊当前的话题。如果是聪明的采访者，这时候就会巧妙地转移话题，重新调动被采访人的积极性。

在生活中，我们还可以观察一些"小动作"，如手势、眼神、摆头等，结合语言去理解对方的真实想法。比如我们看到某个同事穿了新衣服，走过去夸奖："你今天好美啊！"对方笑着回答："哪有！还好吧！"然后用手去摸了摸头发或鼻子。这可能说明对方其实很开心，她要用自我触摸的动作提醒自己不要得意忘形。

• 从眼睛看透心理活动

老话说："眼睛是不会骗人的。"眼睛与内心是一种映射关系。一方面眼睛要接受来自外部的视觉信息；另一方面，眼睛也会对来自神经系统的反馈做出反应。

一般来说，人如果受到负面刺激，比如看到不喜欢的、难为情的画面时，神经系统就会让视线"停止"，即不由自主闭上眼睛或转移视线，让眼睛不那么兴奋。所以我们看，有些人如果哭起来了，那眼睛一般是半开半闭，或者几乎是闭上的，这就是很悲伤的表现。但有些人哭泣时，眼睛和平时一样睁着，甚至睁大眼睛哭喊，那我们就需要仔细辨别一下，此人是否真的在伤心了。

当和别人沟通时，如果对方盯着某个地方不动，一般是在思考或者回忆；如果一个人低着头，眼睛看向地面，则说明他可能有一些恐惧，在我们面前不够自信。还有的时候，人在沟通时眼神飘忽，东张西望，这说明他也许正因为内心犹豫不定而感到不安；如果一个人能直视对方，说明内心情绪大概很平稳，感到非常自信。

从进化心理学的角度来看，这其实是人内心情绪"外化"的表现。在远古时代，人类在大自然中茹毛饮血，如果进入一个陌生环境，就会感到不知所措，四处张望，观察周身的环境，给自己寻找食物，寻找隐蔽的地方、逃跑的退路等等，这样才能保证自己的存活率。到了现代，人类不再面对来自大自然的危险，但有一些来自远古的本能却保留了下来，眼神就是其中之一。因此通过眼神方面的反应，我们可以看透对方的心理活动，做出相应行动。

• 从身体姿态理解关系

身体姿态是一个人全身各部位的位置关系,是一个人身心状态的反映。通过一个人的体态,我们既可以了解其健康情况,还可以分析他对人对事的态度。

比如我们说一个健康的人,肢体上没什么毛病,那么他站立、走动的时候会给我们挺拔、自然的感觉;如果他经常运动,还会有矫健、有力的观感。但如果人有一些疾病,比如内脏方面的,走起路来可能会显得佝偻;如果是腿上有伤,那可能会一瘸一拐。

又比如,我们经常和别人面对面聊天。当一个人坐着,身体贴着椅子向后仰,头也靠着,这属于一种放松姿态,说明他心情比较愉悦,和我们相处比较开心;如果他身体前倾,这属于进攻的姿态,说明他比较兴奋,对沟通的话题表现出很大兴趣;如果他双手抱胸,就像一张盾牌横在胸前,这是一种防御姿态,这个时候最好不要去提什么条件或要求,因为多半会被拒绝;如果对方把两只手合在一起,手心向下,好像扣住了什么东西,这说明对方觉得我们沟通的话题有掌控感,他们能够把握。

需要注意的是,身体语言所泄露的情绪、想法和态度是主观的,是行为者当下的心理状态,并不一定符合客观事实。这也意味着,我们可以通过一定的身体语言,影响对方,从而达到更好的沟通效果。

二、如何用身体语言传递能量?

• 防止微表情"泄密"

刚才说到,微表情会泄露一个人的情绪。那么,我们该做的就是减少那些暴露情绪的微表情。比如,减少"假表情"的使用,尽量不去"伪造"表情。很多人有类似的社交习惯,就是习惯性地"回应"别人的情绪。比如朋友讲了一个笑话,其实并不好笑,但出于礼貌,我们还是笑了一下;或者别人推荐了一部电影,我们并不感兴趣,但还是表示有时间一定去看。这是照顾别人感受的一种表现。

但从另一方面看,如果不能很好地控制这些微表情,就容易显得不自然。尤其在有一定社会阅历的人面前,那些不自然的、多余的表情,反而会招来讨厌。所以我们在沟通中,在情境允许的情况下,多去"做自己",真诚一些,这比一些表面的"应付"更有用。

另外,我们还要注意调节情绪。微表情源于情绪波动,我们可以从源头上进行调整。比如在感到紧张时,可以试着深呼吸,通过呼吸的节奏去平复心情,给自己一些积极的心理暗示,告诉自己"我能行""我不会被吓倒"等等。

• **保持良好姿态**

一般来说,在沟通中的良好姿态有两个要素,一是自信,二是开放。要变得自信,就应该给对方积极向上、充满能量的感觉。在和人沟通时,我们应该尽量昂首挺胸,头部保持自然平视。就像我们看一些体育赛事,运动员身披国旗,走上台时那种自信、骄傲的感觉。要变得开放,就要给对方包容、接纳的感觉。我们需要展现出友好的姿态,和对方见面打招呼时,适当地弯腰;和身高不如自己的朋友沟通时,尽量坐下来,不要给人居高临下的感觉;等等。

• **适当的肢体语言**

每个人在沟通中都会受到话题、氛围等一系列外在因素的影响。如果我们想要取得更好的沟通效果,就要学会通过肢体语言去调整氛围。例如我们看到网络上一些报道的照片,哪个地方发生自然灾害,领导去慰问受灾群众经常会和群众并排走得很近,有时候一边交谈,还会用手去抚摸对方的后背,这就是表现"亲切、安慰"的肢体语言。当我们自己碰到这种情况,需要安慰别人的时候,也可以试着跟人凑近些,用语言结合肢体动作。

有的情况下,我们可能会遇到其他人的质疑,内心动摇,这时候我们也可以通过肢体动作自我调整,比如挺直腰杆,深呼吸,给自己也给对方更积极的心理暗示。让他们知道:对面这个人是自信的,他是对的。

当然有的时候,我们也要注意环境和文化因素,尤其是一些正式场合,过于明显的肢体动作会被看作没有礼貌。比如美国前总统奥巴马的夫人米歇尔·奥巴马,就遭遇过这种窘境。她在参加 G20 峰会时,和英国女王聊得很投缘,把手搭在了女王的肩和背上,这看起来是一个很自然亲近的肢体动作,没什么问题。可照片传回英国,舆论却一片哗然。为什么呢?因为在英国传统中,英女王属于皇室成员,在正式场合,不经允许不能随意触碰,更不要说像米歇尔那样"勾肩搭背"了。这件事在外交场上造成了不小的风波,很多人甚至为此开始质疑奥巴马夫妻。

但根据米歇尔的回忆,当时是因为她们都开了一天会,两人聊天的时候,都说自己长时间穿高跟鞋,导致身体很疲惫,因此米歇尔才关心地"扶"了英女王,没想到引发了这么大的舆论。

从中我们也能看出来,我们的肢体语言,其实比想象中强大得多。一个不小心可能造成"事故",但如果用好了,也是社交中的"利器"。

好了,说到这里,我们这一节的内容也差不多了。下面总结一下,本节我们说到如何通过微表情、身体姿态理解自我,影响他人,各位读者可以多多回顾温习,熟能生巧。

以上是我们第五课的内容,从下一节开始,我们进入第六课,谈谈如何做好即兴表达。

—————————— 第六课

即兴表达，
让你开口就掌握住听众的耳朵

- 第一节　开口，其实你只有 10 秒
- 第二节　如何让普通人轻松听懂枯燥的专业内容？
- 第三节　打好腹稿，灵活应对各种场合

第一节　开口，其实你只有10秒

在第五课中，我们介绍了不同表达形式的技巧。从这一节开始，我们进入第六课，谈谈即兴表达。所谓"即兴表达"，是指那些没有经过正式计划或准备，在现有资源较少的情况下的一种表达。比如学生在课堂上回答老师的一个问题，员工在会议上回应领导对一些工作的疑问。一次即兴表达，很可能决定一件事、一个人的成败。因此，我们有必要学习如何做好即兴表达。这一节，我们先来解决"开口"的问题。

一、"开口"的核心思维：快开口，慢说话

在社交中，有个概念叫"第一印象"；写文章的时候，也有"龙头"的说法。它们都强调在与人相处

或写文章的时候，一开始的状态非常重要，只要我们能开个好头，后面的行动往往也非常顺利。

在沟通领域，其实也有类似的说法，叫作"电梯法则"。什么意思呢？这其实源于世界顶级咨询公司麦肯锡的一个惨痛教训。

他们曾经给一位重要的大客户做咨询。咨询结束的时候，项目经理在电梯间里遇见了对方董事长，董事长说道："你们的观点很精彩，但是我下午要赶飞机，没有时间听你们细说，能不能简单跟我说一下结果呢？"

结果就是负责人没有准备，短短一阵坐电梯的时间，根本没有把事情说清楚，麦肯锡因此失去了这位重要客户。后来麦肯锡总结经验，便提出一个"电梯法则"，必须在 10 秒内抓住对方的注意力，30 秒内把咨询的结果说清楚。

当然这个法则对一般人来说有些苛刻，但它确实说明一个道理：在即兴表达中，如果我们不敢开口，或者一开口就说了不合时宜的话，就意味着这次沟通失败了。

那么，我们应该怎么做，才能解决这个问题呢？在这里我们介绍一个核心思维，叫作"快开口，慢说话"。

- "快开口"

所谓"快开口",就是接话要快。 例如在一个会议上,领导突然说:"小王,请你介绍一下我们这次最新的产品方案。"这个时候,一个会上大大小小的领导同事都等着小王,他不可能就这么冷场吧,这可是职场沟通的大忌。所以小王只能马上开口,才能把领导说的话给"接"住。

你可能会觉得,在这种场合,人都紧张得要死,怎么接啊?

其实这也是很多人的一个误区,情绪不到位,感到紧张。实际上,紧张只是一个结果,原因是我们没有准备,觉得自己肚子里"没货",不知道怎么"快开口"。

这里提供一个常用的解决办法,叫作"情景带入",把听众带入当前的情景。

比如刚才那个例子中,小王可以这样表达:"刚才听了大家的意见,我在这个方面了解不多,真是受益匪浅。其实我们这次的方案呢,在很多地方,也和大家的想法不谋而合……"

我们看,小王这一句话中,其实并没有回答领导的问题,只是把个人经历带入方案的话题,把后面的观点给"引"出来，显得有礼貌，让人不会觉得突兀。这个时候，他就有时间去思考接下来要说什么，这就达到了一个"快开口"的效果。

• **"慢说话"**

当**"快开口"**完成后，就可以用到下一个技巧——**"慢说话"**。这个"慢"不是说语速、语调上要慢，而是说，我们要在脑子里想清楚再表达，让表达条理清晰，逻辑完整。

问题是，即兴表达的思考时间就这么一点儿，如何在短时间内，给自己创造完整清晰的逻辑呢？

一般来说，我们可以通过以下两种顺序组织观点。第一种是时间顺序，按照事件的时间发展来表达。

例如小王可以这样回答："在方案制订前，我们充分搜集了资料数据，保证一切数据的准确性和时效性；在方案制订时，我们请到了国际知名专家做顾问；在方案完成后，我们进行了多轮次的测试、实验，最终说明这个方案是可行的。"

这就是时间顺序法，其特点是简单有效，很快就可以帮助我们组织起有内容的语言，而且条理清晰。

不过有的时候，一些事物不是单纯按时间先后发展的，而是很多步骤、不同部分交叉并行的。那就要用到另一个方法，结构顺序法，即按照事物的基本属性来拆分。

至于如何拆分，则要用到我们前面说到的结构化思维，比如小王要制作一个产品推广的方案，就可以按照它的功能、价格、设计等进行拆分，他可以这样表达：

"第一，从功能上看，我们的产品完全符合日常的使用需求，还有一些创新功能。第二，从价格上看，我们的产品价格比同类型产品要高30%左右，这是基于产品定位做的差异化定价。第三，从设计上看，我们聘请了××公司的设计师，整个产品格调将有极大提升。"

这三点说完，小王清晰地表达了产品的营销点，如果再加上我们前面提到的"情景引入"，可以说是一次不错的即兴表达。

需要注意的是，很多时候，即兴表达不是"一次性"的，而是多次的、互动的。尤其是在一些沟通比较深入的场合，对我们的即兴表达能力要求也会更高。

二、三个建议，让你无惧即兴表达

• 明确主题

虽说即兴表达多半发生在没有准备或准备很少的情况下，但只要掌握方法，还是可以在很大程度上未雨绸缪的。其中一个重要方法，就是明确主题。如果我们仔细回想，会发现生活中需要即兴表达的场景，其实也就那么几个。开会有会议主题，上课有课程内容，就算跟别人聊天、闲谈，也可以引导话题。

在参与这些活动之前，我们可以根据相应的主题，在脑海中快速回想和主题有关的信息，或者利用手机、电脑等电子设备，查阅有关资料；然后按照刚才提到的核心思维组织语言。如果我们提前做了相关准备，就能在需要发言时化被动为主动，发表观点，给别人留下深刻印象。

• 自问自答

很多人在即兴表达的时候，都会遇到一个问题：无法长久地让听众集中注意力。有时候，我们说了一两句，就发现有人开始走神、玩手机。这是为什么呢？因为大部分人在表达时，都只会用陈述句。比如下面这段话:"各位同事,接下来,我为大家讲解本次活动的安排:一共有三个步骤,第一步……第二步……第三步……"

怎么样,是不是光看着这段话,就有点儿提不起劲儿,昏昏欲睡?因为陈述句没有太多情感起伏,我们在说的时候,很容易让听众昏昏欲睡,所以我们要采用自问自答的形式,去调动听众的好奇心和参与感。比如著名的演说家罗永浩,曾经创立了一个名为"锤子科技"的手机公司,许多人调侃他:一个英语老师偏偏要来卖手机。罗永浩听多了,干脆借着这个"梗",在锤子手机发布会上问道:"你们知道我是怎样在众人怀疑的压力下生活的吗?原谅他们,因为他们不知道自己在做什么。"这话一下就调动起了听众的情绪,把气氛烘托上来了。

当我们自己在即兴表达中加上"问答"时,我们的情绪就强多了,听众也更有代入感。

• 讲大局观

所谓"大局观",就是即兴表达的"势",是对环境的感知,对氛围的塑造。因为很多时候,你会感觉到,不一定要某件事发生了,我们才需要即兴表达，而是因为某个场合，我们所在的某个位置、某种氛围，我们不得不即兴表达。在这个时候，我们需要审时度势地通过自己的适时发言控制好现场话题的走向。

举个例子，在电视节目《天天向上》中，有一期节目邀请了一位嘉宾表演太极，主持人汪涵说到太极的推手，开玩笑说原来一些练太极的老人家会问年轻小伙子家住在哪儿，然后用"推手"把他们"推回家"。汪涵边说边比划，这时候另一名主持人欧弟跃跃欲试，接话说自己家在台湾，汪涵一听，马上就反应极快地说："台湾不推，拉回来。"他的回答赢得了满场的喝彩。

我们可以把这看作情商的一种，但实际上，它更是一种高超的表达技巧。因为我们的表达，就是要让听的人感觉舒服，而不是光顾着自己的情绪。所以，我们在日常的沟通中，就有必要去照顾对方的感受。这种大局观可以帮助我们在一些场合照顾到大部分人的感受。

好了，说到这里，我们这一节的内容就差不多了。我们说到了即兴表达的核心思维：快开口，慢说话。我们还说到了如何提高自己即兴表达的能力：明确主题、自问自答、讲大局观。

下一节，我们将介绍，如何让普通人轻松听懂专业内容。

第二节　如何让普通人轻松听懂
　　　　　枯燥的专业内容？

上一节我们介绍了，即兴表达中"开口"的问题。这一节，我们要讲一个更"接地气"的话题：如何让普通人听得懂枯燥的专业内容。其实我们每个人都碰到过这样的尴尬情况，作为一个"非专业"的人，因为各种原因，不得不和别人沟通一些较为枯燥的专业知识。可不管对方在专业领域有多厉害，说得怎样眉飞色舞，我们都感觉听不进去，昏昏欲睡。这其实是来自不同领域的沟通者经常会碰到的问题。这节课我们就来说说如何处理类似的情况。

一、帮助"普通人"理解的基本思维：转换视角

我们先从一个故事说起，是关于我国著名的画

家丰子恺的。有一次他乘船，遇到一位钱庄商人。两人一见如故，商人问他姓名，丰子恺回答："姓丰。"商人纳闷地问："什么'风'？"丰子恺又说："'咸丰皇帝'的'丰'。"商人也不大看历史书，因此并不知道咸丰。丰子恺又说："'五谷丰登'的'丰'。"谁知商人还是摇摇头，表示不知道。丰子恺感到很无奈，只得用笔在纸上把"丰"字写了出来。钱庄商人一看，恍然大悟说："原来是'汇丰银行'的丰啊！"

丰子恺也恍然大悟：话虽然谁都能说，但要大家都听得懂，还是得下一番功夫。商人既不读史书，也不下地干活，和他们沟通，自然该用"做生意"的语言。

在西方，有一个词很适合用来形容这种情况，叫作"知识的诅咒"。它是指当一个人知道了某种知识，他就无法想象没有那种知识的情况，在和人沟通的时候，自然而然地以为，对方具备沟通所需要的知识背景。可现实往往像丰子恺遇到的那样，很多人说着说着，不知不觉就闹了笑话。

要解决这类问题，有一个基本思维，那就是"转换视角"。在我们想要表达之前，应该站在对方的角度，想想自己说的内容，别人是不是听得懂。

当我们开始转换视角，就可以评估自己是不是在沟通中说了一些"高深莫测"的话，让对方摸不着头脑。在这个基础上，我们可以按照下面的方法，更高效地完成专业化沟通。

二、三个方法，让你高效完成专业化沟通

- **评估需求，深化问题**

对很多缺乏专业知识的人来说，在沟通之前，他们不一定能准确地说出自己的需求，这个时候，就需要我们用发问的形式，帮对方深化问题。

一个来访者向心理咨询师提出自己的困扰："我最近感觉压力很大，晚上经常睡不着，有没有什么办法可以减轻我的压力呢？"咨询师问："您在什么时候会感觉到明显压力呢？"来访者想了想说："我在上班的时候，领导一叫我，就让我感觉很有压力，有时候甚至想逃，不想在公司多待一秒。"咨询师一听就说："那在领导不叫你的时候，你会感觉到自己压力很大吗？"来访者摇摇头。

咨询师马上有了判断结果：来访者的心理压力来

自现在的领导。最好的办法,其实是调整与领导的关系,也可以换一个领导或部门,从源头上解决问题,而不是被动地去减压。可以看到,咨询师通过一些提问,就把来访者宽泛的心理问题,精准定位在了职场中的人际交往上,这也是一个追根溯源的过程。

其实许多职场问题,都包含类似的沟通障碍。有的人经常吐槽:"这个'甲方',不懂专业,还瞎指挥,乱提需求,让乙方一遍又一遍地'返工'。"但是我们换个角度思考,正因为许多甲方不够专业,对行业不了解,才需要乙方进行专业方面的服务。在很多情况下,如果乙方能够多一些耐心,给甲方多一些引导和提问,很多问题其实都可以靠沟通解决。

·帮助对方思考

许多人在沟通中都存在一个情况,就是对完全理解对方的意思非常有自信。这个想法在日常沟通中没有问题,但如果放到专业领域,就很容易给沟通带来负面影响。但一般这个时候,要让对方认识到自己的问题,其实很难。比较合适的做法,就是帮助对方思考。因此我们要试着理解对方是如何得出这些想法的,然后帮助他走向正轨。

例如沟通大师卡耐基,就碰到过这样一件事。他为了召开讲座,在美国纽约的一家饭店租用了演讲场地。有一天,饭店的经理突然打电话告诉卡耐基必须支付比以前高3倍的租金,否则就不让他使用这个场地。这个时候,一切的前期准备都已经做好了,卡耐基很难重新再订一个场地。

于是他找到经理,对经理说:"你的通知让我很吃惊,但我并不想责怪你。如果我是你,听到上级的命令,也不得不这么做,但是我想从客观角度,为你分析这件事的利弊。"

说完这些,卡耐基拿出一张纸,在上面写道:"把场地租给其他人唱歌跳舞,可以获得更多租金,但是其他人不会像我这样,一次租用很长时间,在招租期间,你们同样会有损失。另外,我的演讲会吸引大量的有钱人来居住,这对你们酒店是一次免费的广告,这个效果即使花费5000美元在报纸上登广告,也无法达到。"

后来卡耐基把这张纸给了经理,请他好好思考。最后的结果是,场地租金只上涨了50%,而不是之前的300%。那么,卡耐基为什么能说服经理呢?因为他首先分析了经理涨价的动机:收取更高的租金。

所以卡耐基很快拿出了自己的理由，提高租金不一定会增加收入，而且自己会为这家酒店带来额外的名声与收入。这就是一个帮助对方思考的过程，引导他们得出正确的结论和行动。

- **善用口语修辞**

我们都知道，写文章会经常用修辞，但实际上，我们在沟通的时候，口语修辞也非常重要。口语修辞很容易就可以把那些复杂的、抽象的专业内容，加工成我们容易理解的形式。比如下面这个名词：个性化推荐系统。它的定义是，用机器学习的方法，从关于内容的特征描述的事例中得到用户的兴趣资料。

怎么样，是不是有一种抽象、拗口、难以理解的感觉？但是如果我们用口语修辞就很好解释：像我们在日常生活中点外卖，点进了哪些店铺、点了什么菜，都会被平台记录下来，比如今天吃烤鸭、明天吃红烧牛肉面、后天吃大盘鸡。通过分析消费习惯，平台会向我们推荐那些经常吃的菜品和口味。等到我们再来点外卖的，就会很容易再次下单，这就是个性化推荐系统的本质。

那么，我们要怎样提高口语修辞呢？这里我们推荐三种常用的口语修辞，已经可以应对绝大部分沟通场景。

第一种口语修辞是夸张。通过夸大的表述来形容事物，进一步启发观众的想象力，增强沟通效果。比如我们现在描述电子产品、社交媒体对人生活的影响，很多人会说，"没有手机，人就活不下去了""人的生活都被手机占领了""用手机太多会'中毒'"。用这些夸张的表述，人们可以想象出生活中那些使用手机的场景，从而感到警醒。反过来，如果我们不用夸张的手法，而是把很多细分场景罗列出来，就很容易让人觉得烦琐，甚至看不懂、听不懂。

第二种口语修辞是类比，将某些属性上有联系的事物进行比较，来说明一些比较复杂、新奇的产品或概念。比如腾讯的微信，在刚开发出来的时候，大家都不太了解，没听过社交软件这个说法。为了方便用户接受，他们称微信是"免费的手机短信"，把微信和手机短信进行类比，这就能一下让人们理解微信的功能。甚至有很多事物，在命名的时候，就考虑到利用类比作用引起人们的联想。比如腾讯的微信火了之后，阿里巴巴开发的叫"旺信"、字节跳动开发的叫"飞书"，其实都是在名称上进行类比，降低人们的认知门槛。

第三种口语修辞是比喻。用人们熟悉的、好理解的事物去代替说明另一种不常接触的事物。我们在科普领域经常见到这种修辞。比如在一个央视的采访中,一位鸟类专家说,鸟儿在早晨是最敏感的,因为经过一夜的睡眠,它的体温很低,非常容易受惊。其实就像我们人一样,经过一夜睡眠,也是体温偏低,如果突然被声音打扰,也会受到惊吓,醒来后心跳加速。这就是用人们日常生活的体验,把关于鸟类的知识通过比喻引了出来,一下就让专业知识变得简单易懂了。

好了,说到这里,我们这一节的内容也说得差不多了。上文说到了,要让普通人轻松听懂枯燥的专业内容,核心思维是转换视角,避免"知识的诅咒",把自己想象成一个"门外汉"。具体来说,我们有三个步骤,分别是评估需求、帮助对方思考和善用口语修辞。

下一节,我们说说如何在沟通前打好腹稿。

第三节　打好腹稿，灵活应对各种场合

上一节我们说了如何让普通人听懂枯燥的专业内容，这节课我们要说一个即兴表达的重要技巧：打腹稿。在平常生活中，我们经常会看到一些沟通高手，表面上看着好像没做什么准备，但只要我们跟他们交谈，他们马上就能说出许多观点，而且逻辑清楚、表达流畅，好像一切内容都已经到嘴边了，就等着说出来。

其实这是一种"假象"。如果我们看到某个人没有经过充分准备，却能够"出口成章"，这多半是因为其准备了"腹稿"。那到底什么是腹稿呢？我们要如何准备？这节就来聊聊这个问题。

一、腹稿——提前思考，流畅表达

先说说什么是腹稿。这其实要从一个故事说起。唐朝的诗人王勃，被称为"初唐四杰"之一，也是千古名篇《滕王阁序》的作者，他从小就被称为"神童"。为什么呢？因为他要写东西的时候，经常不做任何准备，而是在一张书桌前，放好纸、研好墨，拿着一床被子闷头就躺下了。过了一段时间，他起来以后提笔就开始写文章，而且一挥而就，文不加点。大家就很好奇，这个王勃有才也就算了，还这么有天赋，躺着睡觉都能把文章构想好。可事实上，王勃这并不是什么天赋，只是他在躺下的时候，心里就一直在琢磨文章的事。等他把所有的内容想清楚了，再起来写文章。后人把王勃这种装睡构思文章的方法称为"打腹稿"，引申为我们沟通之前，在脑子里把要说的东西想好。

我们现在所看到的"出口成章"，绝大部分都来自"打腹稿"。人们在讲话之前，花几十秒到几分钟，将自己要说的东西想好，等到讲话的时候，很自然地就把要表达的内容说出来。比如我们在电视上看到记者采访，不管是采访什么人，记者都能很快把话说到点子上，引导对方说出有用的信息，这实际上也是因为记者早已做好了准备，打好了腹稿。

那么，在我们日常的沟通表达中，应该如何打腹稿，去更好地应对即兴表达呢？接下来，我们从简单到复杂，介绍四种打腹稿的技巧。

二、四种打腹稿技巧，帮你赢在开口之前

• **框架概述法**

框架概述，把要说的内容做一个逻辑框架的梳理，这种方法一般用来应对时间较短、准备时间不足、我们比较熟悉的话题表达。比如我们某一天，与朋友们到了故宫这个景点，朋友请我们介绍一下。这时候我们就可以打腹稿了，怎么介绍故宫呢？可以先说说故宫古朴、精巧的外形，这是我们看得到、摸得着的，许多素材可以随取随用，比较好表达；然后说说故宫值得骄傲，又充满了近代风雨的历史，这是许多人不了解，但是可能感兴趣的内容；最后我们说说故宫在全世界的地位和影响力，相当于给故宫来了个"升华"。我们需要从不同的角度来构建这个框架，

在表达的时候,跟着框架的节奏,一步步论述,就能取得不错的表达效果。

"框架概述",一般会给人较大的发挥空间。我们可以从各种角度切入话题,尝试表达自己的想法。例如让我们介绍一个人,我们可以从各个方面挖掘他的亮点:家庭、职业、性格、形象等等。所以,框架概述法一般也是打腹稿最常用、最基础的方法,就像我们写文章用的提纲,可以很快形成表达思路。

• 黄金圈思维

它是由营销专家西蒙·斯涅克提出的。所谓"黄金圈",就是在思考时,"从内而外"进行提问,先思考问题的核心,也是最有价值的地方,而不是去思考那些细枝末节的地方。简单来说,就是要善于问"为什么"。这个方法可以让观点更深入,更有价值。它适合那种需要主题,并要求表达有一定深度的场合,比如职场中部门的头脑风暴会议、专家参与的行业会议等等。这个方法简单来说,就是在遇到问题时,首先问一个"为什么"——为什么要做这件事。

"为什么"涉及我们行动的基本理念和目标。人对一般事物的理解涉及三个问题,即是什么、为什么、怎么做。出于对效率的需求，大部分人只会关注"是什么""怎么做"的问题，即行动和成果的问题，而容易忽略最关键的目标问题。

在电子产品行业，说起目前最知名、最成功的品牌，大家都会首先想到苹果，而这背后的原因就在于其在设计新产品时的不同理念。大多数厂商思考的问题是："客户需要一台什么样的电脑"，或者"怎样生产一台高性能的电脑"。而苹果公司的理念是：我们的产品是为了突破和创新，我们的产品应该造型精美、使用简单、界面友好；我们只是在这个过程中做出了最棒的电脑，客户将乐于为此买单。

同样是生产电脑，其他公司是从"是什么""怎么做"出发，而苹果公司是从"为什么"出发，两者的出发点不同，最后的产品、市场反响也有很大差别。所以我们会看到，苹果公司的产品虽然溢价高，但却能在电子产品的各个领域名列前茅。它们的理念和文化，帮助生产者从更贴近行业发展根本需求的角度思考产品的设计方向。

所以我们在和人沟通时，也要培养自己问"为什么"的意识。以贴海报这个小事为例，也许你会觉得找个墙面贴起来就完了。

但如果我们从"为什么"的角度来思考,就能更大地发挥一张海报的价值:为什么要贴海报?贴海报是为了做宣传,吸引更多目标客户来了解产品。于是我们便可以想到,海报要贴到目标客户密集的地方,同时还要配上一定的公司介绍、联系方式。

这样一来,我们通过黄金圈法则打腹稿,得出了一个完全不同于平常,又有一定深度的观点,这也是我们通过一定训练可以实现的效果。

• **故事法**

简单来说,就是采用故事的形式,为沟通注入情感,表达观点。我们从小就开始听故事,到年龄大了,依旧对各种各样的故事感兴趣。为什么呢?因为故事一般有很强的情境性,尤其是那些发生在我们身边的故事,会让人特别有代入感。所以讲故事很容易拉近与沟通者的距离,让对方放下防御。而且故事往往比那些枯燥的道理要有趣得多,这也会吸引对方集中注意。这种方法非常适合日常的沟通交往。

比如人们聊到恋爱的话题,经常会举例:"我有一个同学是怎样找对象的……""我有一个朋友在恋爱时，碰到问题是怎样处理的……"想要在打腹稿的时候构思故事，一方面我们要洞察对方的需求。我们想要通过故事和别人建立联系，首先应该知道，对方心里想要什么。如果朋友失恋了，你想安慰对方，却说了一个有情人终成眷属的故事，这显然是不合时宜的，而应该说一个失恋的人走出感情困境，重新开启生活的故事。

另一方面，我们要学会去"改"故事。有的人会觉得，让我讲故事，我可没什么生活阅历，有那么多故事讲给别人。但实际上，故事不是"讲"出来的，而是"改"出来的。有的故事很精彩，但并不适合那些常见的生活场景，还有的故事发人深省，但却不是我们亲身经历、亲眼所见的，所以我们需要去改，把这些故事改成符合日常生活，也符合我们自己经历的故事，等真正要用的时候，可以直接拿出来说。

所以"故事思维"，就是通过平时积累，形成一个"故事库"，等到和别人沟通的时候，在脑中搜索一下，将不同的框架和要素组合成恰当的故事，就可以快速产出一篇腹稿。

• **对比总结法**

这是一种在多人发言的时候打腹稿的方法。我们可以一边听别人发言,一边把其他人发言的重点、亮点记录下来,在轮到自己发言时总结出来。一方面可以帮我们梳理思路,在自己没有想好的时候,为我们提供更多启发。另一方面,也是帮我们在沟通的时候寻找"同盟",当别人听到自己的发言有人引用了,也会不由自主地赞同我们。

比如我们讨论"怎样交朋友"这个问题。有人说,应该交往人品好的朋友;有人说,应该交往有能力的朋友;还有人说,应该交往家庭条件好的朋友。那轮到我们发言了,就可以这样总结:"交朋友嘛,人品、能力、家庭背景都很重要,但我认为最重要的,还是自身的品格,因为人品是基础,如果一个朋友人品不好,他的能力再强,家世再好,对你都不一定有帮助,甚至会产生负面影响。"这就是在总结别人发言的基础上,提出自己的观点,会显得条理更清晰,观点更深刻。

好了,说到这里,这一节内容也差不多了。这一节中我们说的腹稿就是在即兴发言之前,在脑海中想好的要说的内容，让自己的表达更流畅自然。要打好腹稿，有四种方法：框架概述法、黄金圈思维、故事法和对比总结法。

下一节，我们要进入第七课，说话的心法。

第七课

说话的心法

- 第一节 你会讲段子吗?
- 第二节 什么样的声音让人信服?
- 第三节 声音质感让表达更有内涵

第一节　你会讲段子吗?

在上一节中,我们介绍了打腹稿的四种方法,从这一节开始,我们进入第七课——说话的心法。什么方法可以称为心法呢?其实就是一些经典之外的方法。这些方法对提升沟通表达能力,没有那么立竿见影,但是却能起到很好的辅助和支持作用。这一节,我们就来谈谈沟通表达中的幽默感。

2012年,演员黄渤作为主持人,参加台湾电影金马奖典礼。会上一位记者问道:"黄渤先生,你是否觉得,应该由台湾地区主持人来主持金马奖典礼呢?"这个问题显然有些敏感,如果回答"是",黄渤就否定了自己大陆人的身份。而他如果回答"否",则有可能得罪在场的台湾同胞。谁知黄渤笑着答道:"金马奖太破费了,怎么要请那么贵的?"台下立马响起了阵阵掌声。

黄渤用自己的幽默,巧妙化解了刁难,既保全了自己,又抬高了其他台湾同胞。幽默是一种很重要的品质。那些说话有趣的人,往往一开口就能让人喜欢,产生好感。相反,那些乏味、沉闷的表达,则容易让人昏昏欲睡。

在很多人看来,幽默是一种天赋。那些乐观开朗的人,总是善于发现生活中的笑料,为大家表达出来。而那些性格内向、不善言辞的人,则很难通过语言为大家带来欢乐。但其实幽默是一种沟通技能,只要通过合理练习,每个人都能培养自己的幽默感。那么,我们要怎么样让自己变得幽默呢?

一、在日常生活中寻找笑点

所谓幽默感,不是什么灵光乍现,而是对普通生活片段的幽默化表达。

比如下面这个笑话。一位女士说:"很多朋友吐槽我不会做饭,其实我不这么想。朋友做饭,都有自己的'拿手菜',擅长很多类型的菜式。其实我也擅长很多类型,比如'切手菜''烫手菜''辣手菜'。"这就是把"不会做菜"换了一种表达方式,从而获得一种逗趣的效果。

那么,我们应该怎么制造笑点呢?其核心在于制造反转,制造一种出人意料的效果。一般来说,分两个步骤。第一步是进行铺垫,即给出一些必要信息。一般来说,笑话发生在人身上,这就涉及对人物关系、行为、语言等方面的描述。例如亲子聊天、男女朋友约会、买家和卖家讨价还价等等。

第二步则是制造反转,也是专业表演中说的"抖包袱",根据前面所给的信息,给出一个截然不同的效果,这种反差就很容易让人发笑了。

比如我们现在很多人喜欢吃大闸蟹,一位买家买大闸蟹的时候向店家咨询:"大闸蟹不能跟什么东西一起吃?"店家回复:"大闸蟹几十块一只,挺贵的,最好不要和朋友一起吃。"这就是利用买卖的场景,制造反转笑点。

可以看到,幽默就是一种感觉和意识,只要我们抱着乐观的心态,在生活中就能发现许多笑料,这就是我们常说的"幽默细胞"。

二、积累原创段子

我们平时上网,还会看到许多高质量的有趣段子。比如一个人对老板说:"你要对我好一点,有三家公司天天都在找我。"老板问:"哪几个?是竞争对手吗?"那人回答:"电力公司、电话公司和自来水公司。"

这也是我们培养幽默感的一个重要方式——自己积累段子。也许你会觉得:自己幽默感不足,平常别人开个玩笑,都要反应一下才笑,写段子这种事,还是留给那些反应快、头脑聪明的人吧。

可实际上,积累段子并没有这么难。就像我们看到的很多脱口秀演员,在生活中并不是很有喜感的人,甚至是不那么善于表达、有些木讷的人,因为在与人交往上不够自信,急切地想改变这种状态,误打误撞走进了脱口秀的大门。

但这些人有一个共同点,就是非常注意积累,收集和原创属于自己的段子。当他们的"库存"到达一定程度,便可以在任何场合、任何状态下表演这些段子,给人带来快乐。对那些幽默感不足的人来说,主动积累段子,可以应对各个不同的社交场合,让大家快乐起来。那么,我们要如何原创或改写一些段子呢？具体来说有三个技巧。

第一个技巧，是设置场景，让人产生关联感。我们常说"到什么山上唱什么歌"，生活中有许多笑料，来自让人熟悉的场景，我们可以结合这些场景，引起人的共鸣。

比如职场中这个笑话。上班时间，办公室小范和小孙溜到楼下的健身中心去游泳。两人换好泳衣，跳下泳池，一露头，迎面碰见领导光着膀子，站在池中。领导抢先说："组织上派我来查岗，看看谁在上班期间溜出来游泳！"小范连忙接话："您也领到这任务了？我还以为就我一个呢。"剩下的小孙傻了，良久，他泪流满面地说道："我都义务查岗很多年了，今天总算找到组织了。"

这个段子看起来很简单，有员工在上班时"溜号"，结果碰见了领导。但是仔细分析，会发现它很好地抓住了职场的典型场景：员工"摸鱼"。既然有员工摸鱼，领导又何尝不会摸鱼呢？所以职场"摸鱼"这个场景，就很好地起到了"抖包袱"的作用，产生了不少笑料。

第二个技巧，是注入特别观点，让人印象深刻。也就是说，我们可以在段子中对一些人和事，提出一个意料之外，但又符合逻辑、别人想不到的观点。

比如这个段子：我在上海地铁乘车的地方看到了一句话："宁让一辆车，不抢一扇门"。我就纳闷儿了，上海的民风什么时候这么剽悍了，光天化日连门都敢抢。相比之下，还是让车更随和一点儿。这是利用了一个理解偏差，听众都知道，所谓"抢门"是抢着上地铁的意思，而这个段子巧妙地利用了"抢门"的字面意思。

又比如下面这个段子：作为一个宅男/宅女，很久没在外面吃饭了，于是中午我特地穿戴整齐，去食堂打了份饭菜，蹲在门外把饭吃完了才回家。这也是运用了一个理解偏差，听众理解的"在外面吃饭"是下馆子吃饭，而段子中把"在外面吃饭"理解成在家门外吃饭，巧妙地输出了一个特别的观点，让人忍俊不禁。

第三个技巧，是尽可能加入"表演元素"。我们要有一个基本观念：段子是"演"出来的，而不是"讲"出来的。就像我们说，幽默是一种感觉，一种意识，它是由内而外的。如果一个让人爆笑的段子，被我们像念课文一样，平铺直叙地说出来，即使再有趣，也无法感染到别人。相反，一件普普通通的事，经过夸张的表情和肢体动作加工，就足够让人感到有趣。因此，我们在构思一些段子的时候，不妨在脑海里想象一下，如果自己来演这个段子，会是在什么场合，对什么人说，应该用何种表情，什么声音、语气和肢体动作，才能够更形象地展示段子的内容。

这就是一个塑造"氛围"的过程。我们先让人家感受到自己是一个乐观有趣的人，用那种积极的态度去感染别人，自然也就会给别人带去好心情。

说到这里，我们这一节的内容也差不多了。我们说到，幽默感并不是天生的，而是需要在日常生活中寻找笑点，制造反转来实现，其中有两个步骤：分别是做铺垫和抖包袱。对于那些幽默感不足的人，可以去积累一些原创段子，应用于不同的社交场合。这主要有三个技巧，分别是设置场景、注入观点和加入表演元素。总之，形成幽默感是一个长期的过程，我们自己要先成为乐观积极的人，才能在沟通中把快乐传递给他人。

下一节，我们聊聊用什么样的声音沟通能够让人信服。

第二节 什么样的声音让人信服？

上一节我们讲了如何在沟通中练就幽默感，积累段子；这一节我们聊聊沟通中的声音。声音是语言的载体，尤其在当前的自媒体、短视频时代，每个人都有自己的发声渠道。但我们发现，有的人一开口，便有摄人心魄、让人信服的力量，有的专家教授即使水平很高，演讲却让人感到寡淡无味，这就是不同声音产生的效果。就像电影《国王的演讲》，前任英国国王退位，乔治六世临危受命，大敌当前，却因为患有口吃，无法通过演讲领导士兵和人民。后来在语言治疗师的帮助下，他才慢慢打破心理和生理障碍，在二战前发表出鼓舞人心的演讲。

那对我们来说，有没有可能找到一种适合自己的声音，让我们在沟通表达中先"声"夺人，影响人心呢？

一、"好声音"从何而来？

有研究表明，在人的沟通感知中，声音感知的比例是38%。也就是说，一个人声音的表现，在沟通中占到近一半的效果。

也许你会觉得："我自己说话声音感觉还挺好的，听起来也没什么不妥啊。"其实这是一种听觉偏差。

我们自己说话的时候，声音的传播是"双通道"的。一个通道是空气传导通道，声波经空气传播，再由耳朵接收到听觉系统，其他人听到的也是这个通道，在这个过程中，我们的声音在空气中会随着传播距离衰减、失真，同时空气中还有各种噪声，受到大量的环境干扰。

另一个通道则是骨传导通道，声波从声带产生，在身体内部，不经空气直接传到听觉系统，这部分声音的效果能过滤噪声，让我们的声音听起来更加纯净。

所以当我们堵住耳朵说话的时候，也能清晰地听到自己的声音，而且会有"立体环绕声"的效果，这就是骨传导的原因。

问题在于，骨传导仅限于我们自己。对其他人来说，面对面沟通的时候，听到的就是经过许多"折损"的声音。这导致很多时候，我们的声音在自己听起来成熟、厚实，在别人听来可能感到尖细、沙哑。这也是需要我们后天练就好声音的原因。

很多人会觉得，好声音是天生的。的确，天赋很重要，像男歌手周深，音域天生比一般人高亢、宽广，经过训练唱高音比一些女歌手还厉害，但这样的人毕竟是少数。我们声音条件普通的人，只要掌握正确的发声方式，通过有效的方法，一样可以实现特别的"好声音"。

因为人的发声系统，本质上也是一个"乐器"，这点可以从我们的发声原理判断。人的发声系统其实相当精密，它包括肺、气管、声带、唇、舌等器官；而且这些器官主体都是肌肉，具有相当的弹性和控制性，能够通过锻炼不断强化。我们说的"练声"，就是要加强对气息和口腔的控制力，发挥胸腔的共鸣作用，让发出的声音更加通畅、圆润、清晰。

那么，我们具体该怎么做呢？

二、练就属于自己的好声音

• 声音自测

对于声音,我们要形成这种想象,当自己在说话时,其实是在弹奏一个独特的"乐器",它的内容来自大脑,它的声音来自发声系统。如果这个乐器的声音好听,那么它给自己带来的感受应该是自然舒适的,在别人听来也是悦耳、易于接受的。我们可以通过以下问题,对声音进行初步的评估,看看我们当前的声音是否处在"好听区间"。

(1)你的声音听起来尖细、刺耳吗?

(2)一开始公开讲话,喜欢咳嗽或清嗓子吗?

(3)晨起刷牙时,会感到恶心想吐吗?

(4)你的鼻音重吗?

(5)工作后回家,会感觉自己的声音变沙哑吗?

(6)会议发言、跟朋友聊天,你感到自己的声音会被忽略吗?

(7)和陌生人通电话时,对方会弄错你的实际年龄吗?

(8)电话里的陌生人弄错过你的性别吗?

(9)和陌生人联系时,会更愿意发文字而不是通电话吗？

（10）和人争论或大声说话时，会感到面红耳赤、青筋暴起吗？

如果以上的问题，你只有0—1个，说明你的嗓音处在自然好听的区间；如果在2—3个，说明声音对你的"社交形象"产生了轻度影响；如果在4—7个，则产生了中度影响；如果在8个及以上，则产生了重度影响。一个人在这当中的问题越多，则说明他偏离自然嗓音的情况越严重。如果属于轻度、中度，通过一定的训练，可以慢慢调整过来。比如有的女性朋友，喜欢用"夹子音""萝莉音"，也就是我们说的"嗲声嗲气"，可能会造成喉咙的紧张感，对声带造成损伤，需要调整发声来恢复。但如果到了重度，则大概率有声带方面的疾病，需要到医院寻求临床指导。

当然这里面更多的还是常规问题，比如有的人说话时气息不够集中，不够长，讲电话、发微信语音时不那么好听；有的人由于方言习惯，喜欢提着嗓子，用尖音说话，腔调很不自然；或者有的人不注意饮食，经常抽烟喝酒，导致声音沙哑；等等。

- **避免盲目模仿**

每个人的发声系统是不一样的,声音也有其禀赋。但是由于后天的语言环境,各种生理、心理因素影响,人们会不自觉地去调整自己的嗓音,这种情况很普遍。

但有的时候,这种调整其实是超过我们发声系统承受力的。就像我们刚才说的,有的女孩听到一些动漫中的角色的声音,或是网络上的女主播的"萝莉音",感觉很可爱,很吸引人,会不自觉去模仿,提着嗓子说话。可是这样做很可能会给声带增加负担,时间一长对嗓子伤害非常大。还有一些男性,喜欢压低嗓音说话,觉得这样很成熟、沉稳,但是这同样可能伤害自己的声带。我们常说"声如其人",如果一个人强行改变自然声音,很多时候只是自以为好听,在别人听来可能感觉并不匹配。

像我们喜欢的一些电视剧和动漫的人物声音,其实是经验丰富的配音演员,多年训练才有的声音效果。而且那些声音对专业的配音演员来说,都需要强大的技术功底支撑,如果普通人盲目地去模仿,只会显得别扭,最后得不偿失。所以对我们来说,只有找到自然的"舒适区",在那个区间内发声、说话,才能让自己感到挥洒自如,让听的人感到自信、轻松,愿意接受。这才是属于我们自己的"好声音"。那么,应该如何寻找这个舒适区呢?

• "气泡音"训练法

一个重要的方法,就是气泡音训练法。所谓气泡音,就是气息流过咽喉,产生共鸣的颗粒性低音。它是声带振动的最初状态,是一种高度声气协调状态下发出来的声音,其中所发出的声音是一个人最低的声音区。通过"气泡音",我们很容易能感受到声音是如何"靠"在声带上的,也可以体会声带振动时的张力和对气流的阻力,找到自己发声的舒适区。

具体来说,我们需要先放松身体,比如早上起床的时候,平躺在床上,放松胸腔,让气息下沉,找一个"打哈欠"的感觉;但是要控制气息,让气息慢慢从胸肺,到喉咙,再到口腔,持续发出一个"啊"的声音。

这个时候,你会感受到气息从喉头冒出,声带缓慢振动的感觉;如果能保持气息稳定,你会有明显的气息颗粒感,这个时候发出"啊"的声音,会有点儿像青蛙的鸣叫;如果把气息放大,又会有点儿像摩托车发动机启动的声音。而这个气泡音发声的感觉，其实就是我们本身的音色。如果我们在发声前，能够有意识地去找气泡音，就能够把我们的声音"固定"在自然舒适区，这可以说是好声音的起点。

当然，对有的人来说，可能一时间发不出气泡音。因为日常不科学的发声习惯，喉部肌肉长期处于紧张状态，发声系统一下子矫正不过来，这就需要更多的时间去练习。要训练气泡音，比较好的方法是在早上练，在早上起床时，嗓子经过一夜的休息，处于自然放松的状态，我们练上5分钟、10分钟。也许一开始发不出来，那就多坚持几天，先把气息练好，再争取发声，然后试着扩展不同声调；在稳定发出气泡音的基础上，调整我们日常的说话习惯。

当一个人真正找到气泡音的感觉，是很容易坚持并进入状态的。因为这才是他声音"本源"的状态，他的喉咙会有挣脱束缚、回归自然的感觉。因此气泡音训练法，也被很多专业的语言工作者采用，它是我们具备优美声音的起点。

说到这里，我们这一节的内容也差不多讲完了。我们说到，声音在沟通表达中占有很重要的地位，每个人都有一个精妙的"发声系统",能够让我们拥有好声音。要具备这种优美的声音,需要我们进行声音自测,避免盲目地模仿声音。应用气泡音训练法,找到自己本源、自然的声音,这是训练好声音的起点。

下一节,我们聊聊什么样的语音语调,让人听起来更具内涵。

第三节　声音质感让表达更有内涵

上一节我们说到，如何在沟通中找到属于自己的"好声音"。这节课我们要谈的问题是：如何美化声音。也许你会疑惑：听过美容、美发，声音怎么还需要美化？事实上，我们听到的声音几乎处处有美化。比如唱歌专门有一个唱法叫"美声"，这也是历史最久、最深厚的唱法；我们用到的音响、耳机，都是用大功率的功率放大器、调音系统、专业的程序芯片，最终呈现出我们听到的各种天籁般的声音。同样的，如果我们想让自己在讲话时，声音听起来洪亮、圆润、厚重，就必须改善自己的发声系统，在源头上发出有"质感"的声音。

下面我们从气息、声调、咬字和共鸣四个角度，说说如何让声音更有内涵。

一、气息控制，让声音收放自如

在生活中，很多人都会被说话的音量困扰。尤其是一些女性，在公开说话的场合，想把音量放大，却总是说不出来。有时候"扯"着嗓子喊，一下就破音了，气接不上来，很难受。这就是说话气息不足的问题。

要解决这个问题，需要"回到"童年，去看看小孩子是怎么沟通的。你会发现，孩子哭起来的时候，声音都特别大，气息很悠长，爸爸妈妈隔着好几个房间都能听到。可是人长大后，声音反而变小了，这是为什么呢？因为人的呼吸方式改变了。

孩子的呼吸方式，一般是腹式呼吸，感觉气流顺着胸腔到达腹部，这样的气息往往比较长、厚，便于控制发声；而很多人在成长过程中，长时间地工作、学习，多半时间保持弓腰曲背的坐姿状态，体力劳动大大减少，腹式呼吸就少了，主要运用的是胸式呼吸，这样的气息特点是轻、浅、短促，久而久之，我们便失去了腹式呼吸的习惯。相应的，发声的气息也越来越弱了。现在我们要给发声系统装上"音量"键，让声音收放自如，就得重新找回腹式呼吸的感觉。

这里最直接的方法,就是想象我们打喷嚏或打哈欠的感觉,一般是口鼻同时吸气,而且这股气会通过肺部直达腹部,让腹部"鼓"起来,这就是腹式呼吸的感觉,也是武侠小说常说的"气沉丹田"。要细致掌握这个技巧,需要认识到胸腹之间的一块横向肌肉——膈肌。在平静状态下,我们呼吸的气体交换,有75%就是靠膈肌运动。腹式呼吸,不是真的让气息到了腹部,而是靠膈肌大幅下压,胸腔内进入大量空气,对腹部造成挤压,才会有鼓胀的感觉。

了解原理后,我们可以采用以下方式进行腹式呼吸训练。保持仰卧或舒适的坐姿,放松全身,可以用手在腹部感受呼吸运动,先自然呼吸,然后深吸一口气,在吸气时最大限度地向外扩张腹部,使腹部鼓起,胸部保持不动;当吸气到达极限,开始呼气,一开始先让腹部自然凹陷,然后最大限度地向内收缩腹部,把所有废气从肺部呼出去,如此,膈肌将会自然而然地运动,这就完成了一次腹式呼吸。接下来我们可以循环往复,保持每一次呼吸的节奏一致,细心体会腹部的一起一落。在熟练掌握腹式呼吸后,你会发现,平时走路、说话的声音都自然变得"沉稳有力"

了,这就是气息给声音带来的改善。如果在说话时有意调整呼吸,气息对声音的加强会更加明显。

二、喉部控制,轻松掌控声调

在社交时,我们经常会羡慕那些能唱歌、会唱高音的人;许多人因为找不准声调,在社交中经常沦为"气氛组",不敢拿起话筒,只能为别人鼓掌。但其实,我们的发声系统是可以轻松实现高低音的转换的,其中的核心器官就是喉咙。人的喉咙就像一个小盒子,声带就像里面拉出两根琴弦,靠在一起。当我们通过呼吸,控制气流通过喉咙,声带发生振动,就能进行高低音的切换。

有趣的是,作为调整声调的喉咙,需要的不是肌肉收紧,而是放松。因为声带只是 2 厘米左右的小肌肉,如果我们说话或者唱歌时不注意,总是用嗓子去喊,嗓子会动不动就"劈"了,坚持不到 1 小时。而那些真正掌握发声技巧的人,不要说 1 小时了,一整天下来,或许都不会感到疲劳。

那么,我们要怎样训练自己对声调的控制呢?其中的基础方法，其实我们前面已经说过了，就是气泡音训练法。它是我们发声的基础训练，需要长时间坚持。在这个基础上，我们就可以进行声调训练，在戏剧行业叫作"吊嗓子"。

我们可以先把自己的气泡音，自然发出的那个音定为 1（do），接着往上唱 1234567 $\dot{1}$，然后循环。在音乐上，我们把这一个循环称为一个"八度"。当我们练习一段时间，能在一个八度中调整自如的时候，就可以试着上升或下降一个八度，再慢慢熟悉、拓展。对我们一般讲话来说，能熟练控制 2—3 个八度的声调，就完全足够使用了。当然，如果想要在社交场上唱歌好听，这个数量可能要达到 3—4 个。

不过就像前面说的，声调高低，在发声中只是一个方面，唱歌、说话也是如此，不是调子高就一定好听，要展现整个声音的个性、质感，才能给人可以接受、信赖的感觉。

三、咬字清晰，给人"圆润感"

很多人说话时，都会受到口音、咬字的困扰，有时给人一种含混不清的感觉，这就是咬字、发音的问题。它不仅关系到一些发声技巧，也关系到我们对汉语拼音的理解。

我们可以感受一下，大部分汉语的发音都有一个完整的动作过程，嘴唇从闭上到打开，然后控制发声，最后闭上嘴唇，截断发音。因为我们的字的发音大多都是由声母、韵母构成的，一般来说，声母主要是嘴唇和口腔动作，韵母就是喉咙、胸腔发声，这就形成一个完整的咬字过程。倘若我们要做到咬字清晰，给人饱满、圆润的感觉，就需要掌握这个吐字发音的过程。

首先，我们要把握口腔打开这个阶段，它的动作要领可以称为"弹出"。这有点儿像短跑运动员起跑之前，下蹲等待发令枪的姿势，蓄势待发。我们可以练习一些拼音声母d、t、n、l，找一下用舌头顶住上颚，然后"弹出"的感觉，既不能太用力，给人感觉很勉强，也不能很软，听起来很松散含混。这个弹出的状态，就是要释放张力，给人一种干净、清晰的听感。

其次，我们要抓住开口之后，发音这个阶段，它的咬字诀窍是"立起"。什么意思呢？就是口腔要有足够的开合度。因为口腔也是我们发声的器官之一,打得足够开,声音从喉咙发出,才有足够的振动空间,听起来才会清晰、立体。相反,如果口腔打开不够,声音的大小、清晰度都会受影响,嘴角还会起泡沫,看着很不体面。要实现这个效果,我们在平常要注意练习一个动作,即打开牙关,咧开嘴,就好像在微笑一样。你会发现,很多播音主持和歌手,在说话时会有咧嘴这个习惯,这其实也是在打开口腔,让声音更加饱满、清晰。

最后,我们在字尾要注意"弱收"。简单来说,就是话说完了,要把声音、声调慢慢"收"起来,越来越弱,给对方传达一个意思:我这句话说完了。这样一来,从字头"弹起"到字中"立起",再到字尾"弱收",就是一个完整的咬字过程。我们可以从单个字开始练习,再是句子、段落、文章,时间长了,你会发现咬字问题会有很大的改善。

四、强化共鸣,让声音更有"情绪"

共鸣在物理中称为"共振",它指两个物体振动频率相同，互相加强的情况。科学研究表明，人在发声时，声带使用的力气只占用总能量的20%，而80%的力气，都用在控制发声的器官上，其中主要的就是共鸣器官。通过共鸣训练，我们可以达到放大音量、美化音色的效果，它可使我们的声音更有"情绪"。一般来说，人的共鸣器官包括喉、咽、口、胸、鼻，其中主要的是口、胸和鼻。下面我们介绍这三种共鸣的训练方法。

口腔共鸣可以让人的声音更加明亮、有起伏。在练习的时候，我们可以试着收紧双唇，让它们贴近上下牙齿再发声，你会发现声音变得更清晰了。然后我们可以试着控制嘴唇，改变口腔内部的共鸣形状，这样会让声音变得更有起伏。

鼻腔共鸣会让人的声音更丰富，鼻音也特别适合用来传递情绪、美感这些难以言说的东西，像很多歌手、演员都是有特殊鼻音的。其中一个比较好的训练方法，是"鼻音哼唱"，用"鼻辅音 + 口元音"进行练习。比如咬字 m、mi、mu，n、ni、nu，然后用鼻腔中的气息振动，再试着把这种振动扩大到咽，感受不同振动的声音。

胸腔共鸣会让人的声音更厚重，更有磁性。胸腔共鸣的训练其实不难,因为我们日常发声就要用到胸腔,因此只要去找那种收发自如的感觉即可。我们可以用手放在胸上,由低音发出"哈"的声音,感觉胸腔振动,再试着调整发音高度,改变音量,尽量让自己感觉到强烈的共鸣区间。

以上是本节的主要内容。我们从气息、声调、咬字和共鸣四个角度,讲解了如何让声音更有质感,其中包含很多声音的理论知识,也有一些训练方法。希望你了解后,能够把它用到日常的沟通表达中去,让声音为沟通"增色"。

下一节,我们将进入第八课,说说沟通表达的综合技巧。

———————————————— 第八课

沟通表达的综合技巧

- 第一节　如何成为组织会议的"意见领袖"?
- 第二节　社交媒介经营术

第一节　如何成为组织会议的"意见领袖"?

在上一节中,我们讲了如何让声音更有质感,从这一课开始,我们聊聊沟通表达的综合技巧,如何在不同的场合下,灵活运用多种沟通方法,达成目的。这一节的主题是:如何成为组织会议的"意见领袖"。开会是我们生活中最常见的场景之一,大到公司的领导决策,小到家庭中的矛盾纠纷,都可能涉及开会。但"开会"同时也是很多人反感的沟通方式,因为许多会议看着目标明确,但开着开着就容易跑题,还有许多人发表意见,出现争论,结果流于形式,问题没解决,还浪费许多时间。要如何组织一场高效的会议?在会议中,我们要如何保持会议的有序进行?我们这一节要解决这些问题。

一、优秀的会议组织者也是"意见领袖"

首先要明确的是,一个优秀的组织者,往往也是一个"意见领袖"。这不是指我们要去说服别人,让别人跟着自己的观点走;而是说,我们要善于协调他人,整合不同人的观点和意见,求同存异。只有这样,才能在有限的时间里,完成会议所制定的目标。具体来说,我们要形成以下三个观念。

• 时间观念

作为会议主导者,应该是一个"效率控"。因此我们需要对时间加以把握,这也是提高会议效率的关键所在。对每次会议,我们都应该限定时间。有的人习惯开长会,总觉得必须讨论出一个"最好"的结果,这恰恰是一个误区。为什么呢?因为会议的时间越长,只会让大家注意力越来越分散,思维越来越缓慢,到后面人们只会机械地重复一开始的观点;而那些对会议不感兴趣的人,只会闭目养神,甚至干脆拿出手机来玩。这些都是完全没有必要且没有意义的。

作为会议的组织者,应该让会议参加者在有限的时间内充分讨论,交换意见,随后得出一个可行的方案，或者可以接受的答案。要让参加者意识到，如果在会议中不思考，不沟通自己的想法，那么在其他场合，也没有多少机会去表达。这样才能让每个参与者珍惜沟通的机会，也尊重别人的时间。

• 逻辑观念

在会议上我们会听到各种各样的观点，有不同的思维在碰撞。其中会有许多有意义的创新想法，但也有许多七嘴八舌的、不必要的表达或争吵。这个时候，就需要会议的主导者能够始终把握会议主题，明确团队当前讨论的问题焦点。一般来说，一个会议可以有多个步骤、层次，但最好只有一个主题，并且在会前就应充分明确，并将背景材料发到每个参与者的手中。

举例来说，我们组织的某次会议的主题是"讨论A产品的营销方案"，那么整个会议内容，都应该围绕这个产品的营销方案进行，我们可以把会议步骤定为：第一，讨论方案的可行性；第二，讨论方案的成本；第三，讨论方案的实施效果。我们不可能在其中讨论"A产品的功能规划"，这显然不属于这次会议的主题。所以我们需要时刻有逻辑观念，具备"主线意识"，在其他人出现偏离的时候，把话题带回来。

- **协调观念**

在一场会议中，人们免不了会产生争论。有的人也许觉得，大家都在这儿开会，还是以和为贵，不要发生争论，应该"各退一步"。其实不然，因为生活中的处事原则，放到职场不一定管用。职场的终极目标是价值，在这种情况下，让发言的人"欲言又止"，显然不能达到那个目标。所以作为一个组织者，要注意不能轻易当"和事佬"，而是应该给每个想要表达的人创造条件，让他们充分表达、沟通。在这个基础上，如果我们看到有的人固执己见，甚至无理取闹与他人发生争吵，这时候才应该适当劝阻。

你也许会说："我也明白这个道理，但是一个人发言的时候，哪些话是有价值的，哪些话是没有意义的、情绪化的，我不好分辨啊，这一不小心，还得罪了别人可怎么办？"对于这种情况，我们给出的答案是多观察，总结经验。与人交往有时就是这样，运用之妙存乎一心，我们得日常多观察他人的习惯与微表情等，靠自己和人沟通的经验，去判断对方是否处在合适的发言状态。如果超出这个状态，我们有必要去进行协调。

以上是作为一个高效的会议组织者所需要的观念，下面我们说说，安排一场高效会议有哪些关键步骤。

二、一场高效会议的四个步骤

·充分准备

任何会议，都应该有一个明确的主题，为什么要开会，开会应该让哪些人参加，想要达成什么目的，这都是开会前要考虑清楚的。包括有哪些领导参加，需不需要特别的接待措施，领导是否要单独讲话，等等，只有经过认真的准备和筹划，会议的效率才会足够高。有的时候，如果会议规模较大，参会的人员、单位较多，最好是提前通知，比如一个月、两个月，好让对方有足够的时间做准备。在会议召开前，要积极地了解参与方的建议和需求，甚至包括他们在会议上的发言，做到心中有数，这些都能提高会议的效率和稳定性，给参会人员更好的体验。

• 角色分工

对于会议的组织者，我们需要提前做好分工。哪些人负责通知召集，哪些人负责布置会场，哪些人负责维持秩序，哪些人负责记录总结……这些都要有明确的安排。有一些比较重要的、繁重的分工，应该安排多人负责，以免一个人出错，导致整个会议出问题。另外，对整个会议的参加者，我们应该采取"必要性"原则。有的人会觉得，反正人多人少都是开一次会，让能参加的人都来参加，可以帮助大家统一思想，增进了解。这恰恰是一个误区。因为对会议来说，它本身有一定的私密性，很多时候无关秘密，但毕竟涉及一个单位的经营行为，应该控制知悉范围。另外，一个会议开完后，更重要的不是传达会议精神，而是落实，按照会议决定让大家行动起来。

举例来说，如果一个会议讨论"研究确定 B 产品的自媒体广告方案"，我们有必要请研发部门的员工参加吗？答案当然是否定的。因为研发部门的员工，接触的多是产品需求，他们要解决的，是一个个实在的技术问题，跟广告关系不大，对这个方案也不会太有帮助。我们真正该请的，反而是一线的销售人员。因为他们直面产品的受众，他们知道，是什么样的人群在购买产品,这些人有什么特征,可能喜欢看哪种类型的广告,这就能为方案提供许多有利的意见。

• **维持进程**

一场会议通常包括领导讲话、介绍基本情况、交流发言等环节。但我们会发现,多数时候,除了领导之外,一整场会议下来,真正在思考、积极沟通发言的人并不多,大部分人都是拿着笔在记,而且是记关于自己的那部分,回去好按部就班地执行。这其实涉及一个问题:如果一个人只听关于自己的信息,而不去了解全局、了解自己的同事与合作者,那在需要合作的时候,他可能会问,为什么?凭什么要我配合你呢?

举个例子。A是设计部门的负责人,B是研发部门的负责人,在一次会议上,领导布置:"A、B两个部门,准备一个新产品的设计研发方案,设计部门要给研发提好需求,下周一把初稿给我。"但是B因为走神,只记了前半句。后来A找到B,给他发了一张清单,上面写着新产品的功能需求,B看了一眼就说:"我这研发不了,哪有不经过商量,随便乱提需求的啊！做不了！"然后 A 和 B 把领导的布置说清楚，以设计部门的需求为主，这时 B 才明白过来，应该主动配合对方。

所以在会议中，我们也需要注意维持气氛。对重要的环节，可以提醒大家注意；对需要互动讨论的环节，可以调动大家的积极性，组织每个人轮流发言；等等。总的来说，就是要保证每个人的注意力都跟着会议的进程走，而不是被手边的事情打断，或是因枯燥而走神。

• 做出决议

会议的最终目标，是要对某件事做出决议，给出一个明确的意见看法。而这个决议，很多时候是以书面形式存在的，有的是会议总结，有的是会议纪要。不管是何种形式，我们都必须把它固定下来，作为会议的成果，要求每个参会者加以落实。

一般来说，会议总结比较详细，包括整个会议的时间、地点、参加人和讨论过程，都需要被简单提及，最后还要再加上会议形成的决议。如果是会议纪要则相对简单，先交代时间、地点、参加人，对会议讨论的过程可以简略一些，直接表达讨论的结果即可。在得到决议以后，我们应该将决议送达每个参加人，可以是纸质的，也可以是电子的，按照企业一般的办事习惯即可。

好了，说到这里，我们这一节的内容就差不多了。本节我们说到如何运用沟通技能组织会议。一个高效的会议组织者，往往也是一个意见领袖，需要有较强的时间观念、逻辑观念和协调观念。要组织一场高效的会议，一般有充分准备、角色分工、维持进程、形成决议等步骤。

下一节，我们介绍如何利用社交媒体打造影响力。

第二节　社交媒介经营术

上一节我们说到，如何进行会议上的沟通，这一节我们转换"阵地"，将沟通放到线上，说说网络社交媒介上的沟通方法。现在每个人的生活都离不开互联网，我们社交、学习、购物、出行都要用到，但是对很多人来说，它仍是一个新鲜事物，或者一个"进化"中的事物。今天蹦出一个好用的 APP，明天出一个有趣的游戏，后天出一个新词新"梗"，我们好像身在互联网的社交潮流中，却永远追不上这股潮流。有些上了年纪的人，接受能力不够强的，甚至有些"恐网"。这也是许多人在互联网时代的沟通困惑。

一、社交媒介和传统沟通的区别

要掌握社交媒介的沟通方法，我们首先要了解社交媒介和日常沟通的区别,从线下走到线上,我们要看到沟通的"变"与"不变",才能做到有的放矢。

• 广泛度

在社交媒介上,我们所面对的社交"对象"远远超出日常生活。在日常生活的闲聊中,我们面对的是几个人、十几个人。但如果换到网络场景,比如我们通过微信、微博发出的信息,信息接收对象就会呈指数级别地增加。发一个微信朋友圈,可能有上百人来"围观";发一条微博,可能有上百万人观看。在这种情况下,我们的言论、观点可能会被放大很多倍,其影响范围也大幅度增加,所以在社交媒体上发言,一定要谨慎。网络上也有很多"因言获罪"的例子,比如一些明星,一句话没说好,就得罪了许多"粉丝",导致人气一落千丈。

• 瞬时性

多年前和朋友联系,我们需要发邮件、打电话,过一段时间才能收到反馈。现在要和人联系,动动手指就能实现"群发",我们等待反馈的时间变得非常短。当然这也为我们回应别人提出了挑战。每个人在向别人发出信息后，都能得到及时反馈，可很多时候，我们做不到很快地回复他人，这就需要我们在沟通上做出调整。我们在这里建议的策略是"快回应，慢解决"。比如有人向我们发微信说："请问 A 活动的行程确定了吗？"当我们看到这条信息时，我们也不知道是否确定了，但可以先回复对方："我去查一下。"让对方心中有数，等我们查到了，再把具体的情况告诉对方。这样就是告诉对方，你的信息我收到了，我已经在加快处理，等有结果我会告诉你。

· **灵活性**

传统社交有固定场景，比如校园、公司、某些活动现场；但现在的智能手机，可以让我们随时开展社交，甚至一些相亲交友的活动，是线上线下结合，从"云端"开始的。只要我们愿意，任何时候都可以和别人沟通。但这也意味着社交生活对其他活动的侵蚀，比如很多人工作、学习的时候，要经常分心去回别人的信息，状态必然受到影响。这就要求我们在一些情况下"远离"社交媒体。如果因为要和别人沟通，耽误了手头的事情，就显得有些本末倒置了。

那么，我们应该如何对待社交媒体呢？在这里我们介绍两种基本思维。

二、社交媒介的基本思维

· 价值思维

互联网的内容五花八门，而且与我们的日常生活大不相同，但是万变不离其宗。要知道，沟通是为了达到目标，实现价值，如果抛开价值，去谈互联网的沟通方式，其实是没有意义的。比如有的人，一打开社交工具，就被别人发的朋友圈吸引，被别人发的广告拉去消费，被别人转的短视频消耗时间，这本质上都是一种"浪费"。因为那些内容再有趣，都不及我们完成自己的目标。

包括我们自己去点赞、转发一些内容，也要想想，自己传播这些内容，有什么价值呢？如果只是单纯地消遣、消耗时间，那大可不必，因为生活中有无数的事情可以消磨时间，但真正产生价值的事少之又少，所以我们要记住，即使在网络上，也要为了价值而沟通。

- **分类思维**

所谓分类思维，就是根据不同的网络平台，面向不同的群体，采取差异化的沟通策略。因为网络上的人太多了，网络平台也各有不同，大家都是自由发表意见观点，但这并不意味我们可以随心所欲。

比如微信上的朋友圈，大多都是现实中的熟人，那么在朋友圈与人沟通就可以更贴近生活，比如展示自己的日常，发表一些感悟，和别人分享自己的生活，都很合适。但是像有的人，经常在朋友圈里发广告、做生意，这就可能让人觉得不合适了。

再比如有的公司会建立工作群，大家在群里聊的都是工作上的事，那就不适合在里面说一些私生活的内容，最好发一些行业资讯、专业知识等等。如果有人总在工作群发一些与工作无关的内容，也很容易招人反感。所以我们的分类思维，强调要在不同媒体平台，面对不同群体调整沟通策略，到什么山上唱什么歌，这样才更容易获得认同。

说到这里，你可能会觉得，我原来在网络上聊天，都没想这么多，现在这么一说，反而不知道怎样跟别人去沟通了。那我们到底该怎么做呢？下面我们就说说社交媒介沟通的主要步骤。

三、社交媒介沟通的主要步骤

- **明确沟通对象**

网络社交是一个开放世界，理论上，世界上任何两个人，都可以通过网络互联。但是我们的沟通却应该有明确的对象，就像售卖商品，有一个目标的"客户群体"，社交媒介沟通也是如此。有一段时间，网络上流行"淘宝体"，喜欢把对方称作"亲亲""亲爱的"，用"啊""哦"等语气词，动辄向对方请求"五星好评"，其背后就是一套顾客逻辑。这其实说明，很多人在沟通中，还是愿意成为一个"客户"，希望对方捧着自己，哄着自己。

我们在网络上沟通时，也要想清楚我在和哪一类人沟通？这类人有什么特点？他们喜欢怎样的表达？看到我们的信息后，对方会产生什么感觉？明确了沟通对象，也就明确了我们基本的沟通方式。

- **调整沟通方式**

在明确了对象后，就要调整我们的沟通内容了。不同群体的沟通方式可能有很大差别。比如十几二十几岁的年轻群体，思维活跃，追求时尚，他们的语言追求形象、生动，还有"梗"。年龄稍大一些的人群，比如 40 岁以上的中年群体，他们不那么了解网络语言，我们用日常的交流方式沟通即可。我们在沟通时，可以考虑不同的用语、内容，这样更容易相互理解。

而且在网络上待久了，你会发现我们接触到的很多内容、很多人，都是经过"匹配"的。许多 APP 里都有推荐机制，它会记录我们在网络上的行为，在哪个内容多看了一眼，多聊了几句，然后它就使劲儿给我们推荐相关内容，它越推我们越看，我们越看它越推，这就是 APP 占据人时间的一种方式。我们借鉴 APP 这种与人沟通的方式，要根据沟通对象的偏好，匹配社交媒体的内容，这样才更容易和对方达成一致。

• 注意自我保护

我们前面说到，网络对人的言论、形象有"放大"作用。但这个"放大"，到底是好是坏，很多时候无从判断。现在许多人在无意识的情况下，可能只是做错一件事，说错一句话，就要遭受"网络暴力"，被很多人在网上指责，甚至影响到现实生活，因此我们都需要有风险意识。比如保持匿名，不要轻易留下个人信息；也不要说一些极端的、过激言论，引起别人的争议；尽量在有限的框架内，发挥自己的个性即可。不得不说，互联网让沟通变得更方便、快捷、广泛，同时也带来了更多风险和挑战。从传统沟通走向社交媒介的沟通，都有一个"转型"的过程。

以上就是本节的所有内容，我们说到网络社交媒介和传统沟通的区别，分别是广泛度、瞬时性和灵活性。要做好社交媒介的经营，我们要有价值思维和分类思维。在进行社交媒介沟通的时候，我们可以按照这样的步骤进行：明确沟通对象、调整沟通方式、注意自我保护。

新
流
xinliu

简单易懂的沟通表达课

产品经理	于志远	装帧设计	人马艺术设计·储平
特约编辑	李 睿	责任印制	赵 明 赵 聪
营销经理	肖 瑶	出版监制	吴高林

图书在版编目（CIP）数据

简单易懂的沟通表达课 / 终身成长研习社著. -- 贵阳：贵州人民出版社，2023.11
ISBN 978-7-221-17906-7

Ⅰ.①简… Ⅱ.①终… Ⅲ.①人际关系—通俗读物
Ⅳ.①C912.11-49

中国国家版本馆CIP数据核字(2023)第169705号

JIANDAN YIDONG DE GOUTONG BIAODA KE
简单易懂的沟通表达课
终身成长研习社　著

出 版 人	朱文迅
策划编辑	陈继光
责任编辑	欧杨雅兰
装帧设计	人马艺术设计·储平
责任印制	赵　明　赵　聪
出版发行	贵州出版集团　贵州人民出版社
地　　址	贵阳市观山湖区会展东路SOHO办公区A座
印　　刷	天津中印联印务有限公司
版　　次	2023年11月第1版
印　　次	2023年11月第1次印刷
开　　本	787毫米×1092毫米　1/32
印　　张	6.75
字　　数	110千字
书　　号	ISBN 978-7-221-17906-7
定　　价	39.80元

如发现图书印装质量问题，请与印刷厂联系调换；版权所有，翻版必究；未经许可，不得转载。